面接

絶対内定2025

我究館創業者
杉村太郎

我究館館長
藤本健司

ダイヤモンド社

はじめに

これまで1000人以上の就活生を見てきてわかった、面接で落ちない人の共通点。

それは、面接を自分が想定した通りに終えられることだ。

面接では、面接官のあらゆる質問に対し、一貫性と論理性のある話を堂々とする必要がある。準備不足のままでは、はじめて出合う質問や準備していなかったことを聞かれると、話が続かなくなってしまう。これでは、倍率が数百倍にもなる人気企業に内定することはできない。


この本では、きみがありとあらゆる面接の場、特に合否を分ける「最終面接」を突破するための万全の準備ができるよう、第一志望内定率93・1％のノウハウを詰め込んだ。

面接の準備は、大きく分けて「中身」と「見た目」の2つがある。


「中身」とは話の内容のことだ。

自己PRや学生時代にがんばったことは、何を伝えるべきなのか。そして、志望動機で何を語るか。企業側の「なぜあなたを採用するべきなのか？」という問いに自信を持って答えられるか。

これらを一緒に見ていこう。読んでいくうちに、話すべきことをまとめ、具体的なエピソードと共に伝えられるようになる。さらに、それに対して突っ込んでくる質問への対策もできる。

「見た目」も「中身」と同様に大事だ。

これは服装だけを指しているわけではない。所作や表情、発声、目つきなど、相手に与える印象の全てだ。可能な限り良い印象を与える準備をしながら、自分が相手にどのような印象を与えがちなのか把握しておこう。学生に抱いた印象によって、面接官は質問の内容をそれぞれ変えてくる。

多くの学生は、どちらかに力を入れて、もう片方の手を抜く。それでは結果は出ない。「両方」を最大限磨き上げた学生だけが、最終面接を突破できるのだ。

中には「ここまでやる必要があるのか」と思ってしまうようなことも書いてあるかもしれない。しかし、あえて声を大にして言いたい。「やろう」と。

その努力、細部へのこだわりが積み重なり、ほかの学生との違いを生む。

本気の理想を実現するために、一緒に準備していこう。

この本を通してきみが成長を遂げ、魅力を最大限発揮し、未来を切り開いていくことを、心から願っている。

我究館館長　藤本健司

Chapter 1 「面接」の全体像を把握する

Chapter 2 絶対内定する「面接」戦略

Chapter 3

「中身」対策：「自己ＰＲ」と「学生時代にがんばったこと」

Chapter 4 「中身」対策：志望動機

Chapter 5 最終突破のために必ず乗り越えるべきカベ

Chapter 6

「見た目」対策：入室・着席・面接中の注意点

Chapter 7 「見た目」対策：服装

Chapter 8
グループディスカッション(GD)対策

Chapter 9 社会人訪問対策

Chapter 10 リクルーター面談対策

モデル/石神爽良(撮影時大学3年生)、宗雪太一郎(撮影時大学4年生)
撮影/中里楓
ヘアメイク/藤江奈緒美
衣装提供・スタイリングアドバイス/紳士服コナカ

2024年卒はどんな人が内定したのか

次の6点を押さえていた就活生は結果を出していた。

1. **自己分析**を早期に行い、2〜4の行動を多く実行できた
2. **(夏)インターンシップ**に積極的に参加し、志望企業にアピールできていた
3. **社会人訪問**を精力的に行い、志望業界の社員に自分をアピールしながら、業界研究した
4. **リクルーター面談**で志望動機と自己PRがしっかり語れていた
5. 本選考の**面接**で、1〜4に裏付けられた知識をもとに、自分をアピールできていた
6. **オンライン選考対策**ができていた

近年の就職活動では**インターンシップ、社会人訪問、リクルーター面談すべての機会が「面接の場」になっている**。

そのため、自分が志望している企業の面接の場に1つでも多く足を運び、自分をアピールした人が有利に就活を進めることができた。逆に、志望業界が曖昧で、自分のことも語れない学生は、動

き出しが遅く、行動量も少ないため、成果を出すことができなかった。

ポイントは少しでも早く自己分析（我究）を行うことだ。

どれだけインターンや企業説明会、社会人訪問に行っても、志望の業界や企業でなければ熱が入らないので得られることは少ない。自分が望む進路を早期に明確にして動き出した人のほうが、圧倒的に効率よく就職活動を進められるのは、容易に想像できるだろう。

また、希望する企業が明確な人は、その企業で求められる人物像を早い時点で研究できるため、企業に自分の能力を効果的にアピールできる。

接点を持っても、自分の魅力を伝えなければ意味がない。それどころか、逆に評価を下げてしまうこともある。

自己分析ができている人は、**2**～**6**のどの場においても、自分の考えをしっかりと伝えられる。結果として、第一志望から内定を得ている。

ちなみに本書では、**3**～**6**の場で何を語り、どのように振る舞えばいいのかを解説していく。（**1**は『絶対内定2025　自己分析とキャリアデザインの描き方』、**2**は『絶対内定2025－2027　インターンシップ』を参考にしてほしい）

それではさっそく、内定者の自己PRから見ていこう。

内定者の「自己PR」4つの特徴

2024年卒で企業から評価の高かった人の自己PRには次の4点のどれか、または複数が含まれていた。グローバル対応ができている学生や、厳しい環境下でも粘り強く努力する性質を持った学生が、企業から望まれている人材であることがわかる。

1. 納得いくまでやり切って結果を出した経験

体育会の学生が再評価されている。以前から安定の人気だが、近年はさらに評価が高い。理由は、「地道な努力を重ね、結果が出るまでやり切る」習慣が身についているから。新入社員は雑用も多い。また、しばらくの間は、下積みのような心身ともにタフな仕事をさせられることもある。こうした地道な経験は、活躍するために必要だったりするのだが、途中で腐ってしまい、早期離職する新入社員が増えているという。これは本人にも企業にも大きな損失だ。

きみはやりたくないことや苦しい状況下でも、結果に向けて努力を続けることができるか。体育会に限らず、すべての学生に対して、この点を面接官は見ている。

2. 多様な価値観をまとめ上げる経験

これからの社会は、同僚や部下、上司が外国人というケースが増える。異なる価値観を持った人と働くときに、きみが周囲と力を合わせて結果を出せるかどうかを見ている。意見の衝突や価値観の違いからすれ違うことがあったとしても、1つの結論を導いたりプロジェクトを完遂したりすることができるか。同質性の高い仲良しサークルの友人だけでなく、いろいろな世代やさまざまな考えを持つ人たちと協力し何かを成し遂げたことがあるか。そこを見られている。

3. 学業に徹底的に取り組んだ経験

近年は、学業について聞いてくる企業が多い。

「そもそもなぜその学部を選んだのか」といった入学前からの関心事や「ゼミはどこに入ったのか」「卒論のテーマは何か」、さらには「成績はどうか」と、さまざまな角度から聞いてくる。

入学前からの関心事に始まり、その後の一貫性、努力量、思考の深さなどを見ている。企業は不確実な未来を生き抜くために、思考力があり、勤勉で確実に努力を積み重ねることができる学生を求めている。これを読んで「まずい」と思ったら、今からでも勉強を始めよう。

4. グローバル経験

TOEIC® のスコアだけでは評価されなくなっている。海外で「何に挑戦してきた」のか、「何を目的に行った」のかといった、目的意識と達成度を見てくる。問題意識の強い学生は、コロナ禍でも海外で挑戦する方法を探し、旅立っていた。留学でも旅行でもインターンシップでも、背景にある「思い」と「それが実現できたかどうか」が大切だ。

内定者の「志望動機」3つのポイント

新型コロナウイルスの影響もあり、人気企業の倍率は引き続き数百倍である。

狭き門を突破するために必要なことは我究（自己分析）と社究（企業研究）だ。きみがしっかりと我究と社究を行い、信念を持って志望動機を語ることができたら、周囲の学生と比べて評価が高くなる。

志望動機については本書のChapter 4で詳しく説明している。

志望動機作成に向けて重要なのは次の4点である。

1. 我究による企業選びの軸の明確化

2. 社究の徹底

3. 社会人訪問による理想と現実のギャップ把握

4. インターンシップ参加による企業理解や仕事理解

まずはしっかりと我究できていることが基本だ。

やりたいことが明確になっていなければ、志望動機をコトバにすることはできない。

しかし、実際には企業名や年収、さらには「なんとなく」という感覚でとりあえず動いてしまっている人が多い。曖昧な思いでは、面接官に見抜かれ、落とされてしまう。

やっかいなのは、1次、2次はどうにか通過して、もっとも志望動機が重視される最終で落とされるというパターン。そうなると、また一から就活をやり直すことになる。あまりに効率が悪い。

我究した上で社究をする。そして最終的な仕上げとして社会人訪問がある。

社会人訪問による「理想と現実のギャップ把握」と書いたのには理由がある。

就職活動は「やりたいこと」をもとに志望企業を探す。しかし、やりたいことは入社後即できるわけではないという現実を知ってほしいのだ。どれくらいの下積み期間が必要なのか、どれくらいの結果を出した人に挑戦する権利が与えられるのか。社会人訪問を通して確認しよう。それを理解した上で、志望動機を語る学生には迫力がある。

加えて、複数日程のインターンシップに参加することが大きな差になる。仕事の現場を疑似体験すれば、自分の職務適性をより正確に見極められる。

「最初からできるとは思っていませんが……」と、やりたいことをかなえるための努力をいとわない、「強い覚悟」を伝えることができる。当然、こういう学生は評価も高く、内定している。

「存在感のある学生」と「大人慣れした学生」は内定する

「存在感のある学生」と「大人慣れした学生」が内定する傾向にあった。

ここは伝えるのが非常に難しいが、重要なので説明していこう。

●存在感のある学生

我究ができている目の覚めた学生のことだ。

やりたいことが完全に明確になっている学生は存在感がある。

目標に向けて集中している状態なので、目つきや顔つきが違う。感情がぶれていない。するべき努力を淡々としている人には、〝ケツまくった状態〟になっている人が持つ独特のオーラがある。

部活でも勉強でもその境地にまで至ったことのある人なら、イメージできるはずだ。

それ以外には、就活を通して、自分の至らない点と向き合っている人。

自分が「今まさに成長している」という実感を持っている人は、自然と存在感を放つ。

就活中は、自分の至らない点や、弱さと向き合う必要が生じてくる。その苦しみから逃げてしまう人が多いが、そういった人は目つき顔つきで面接官にも伝わってしまう。逆に、「弱さから目をそらしていない」人は、表情やしゃべり方、立ち居振る舞いすべてに良い影響が出る。

●大人慣れした学生

大人慣れしている学生は、「大人が求めるもの」に対する感度が高く、感性が磨かれている。そのため、受け答えも的確だ。「今、何を聞きたがっているのか」を理解しながら会話することができる。結果として「一緒に働きたい」と思われ、ことごとく第一志望に内定していく。

大人慣れするためには、どれだけ多くの大人たちと、どれだけの時間、どれだけ深いコミュニケーションをとったかが大切になってくる。年齢や役職によって考えていることや感じることは違う。それを知ることが大事だ。どの年齢の、どんな役職の人は、どのようなことに興味を持ち、どのようなことを話せば、彼らと心を通わすことができるのかを知るのだ。きみたちも、小中高大とそれぞれの時期で、興味や喜びの対象、悩みや迷いの対象は違っていたと思う。それぞれの時期で、おもしろいと思う話もまったく違ったはずだ。それと同じことだ。

面接とは一問一答の場ではない。大人と大人が顔を合わせ、心を通わす場だ。

自分が何を話すかだけでなく、相手が何に興味を持っているのかを知ることが大切だ。

そのためにも、インターンシップ、社会人訪問などを通して、大人との接点を多く持とう。

面接解禁日前に動いていた学生が内定した

本選考が本格的にスタートする面接解禁日（6月1日）。実は、この日のうちに企業から内定が大量に出されることを、ご存じだろうか。

本来この日は1次面接が行われる日であり、そこで内定が出るのは、選考期間が短すぎると感じるかもしれない。たった1日でどうやって学生を評価しているのか疑問に思うだろう。しかし、実は、事前にかなり念入りに学生を評価しているのだ。

その評価の場が、「面接」以外にある。ここがポイントだ。

この本でも説明する「社会人訪問」「リクルーター面談」（リクルーター面談に関してはchapter 10で説明してある）が非公式の面接の場となっている。社会人訪問の場合、多い学生は1社あたり10人以上と会う。リクルーターも、企業によっては10人近くの社員と会う場を提供する。これらのすべての場が事実上の面接になっていて、人事に評価が報告されている。評価がとりわけ高い学生は、面接解禁日の「1次面接」が実質の最終面接となり、内定をもらう。

これ以外にも、「インターン」や「会社説明会」「セミナー」への参加状況を評価の対象にする企業もある。つまり、就活に関わるすべてが面接の場になっているので、早期の動き出しが鍵になる。

面接解禁日に
内定を出す企業がある

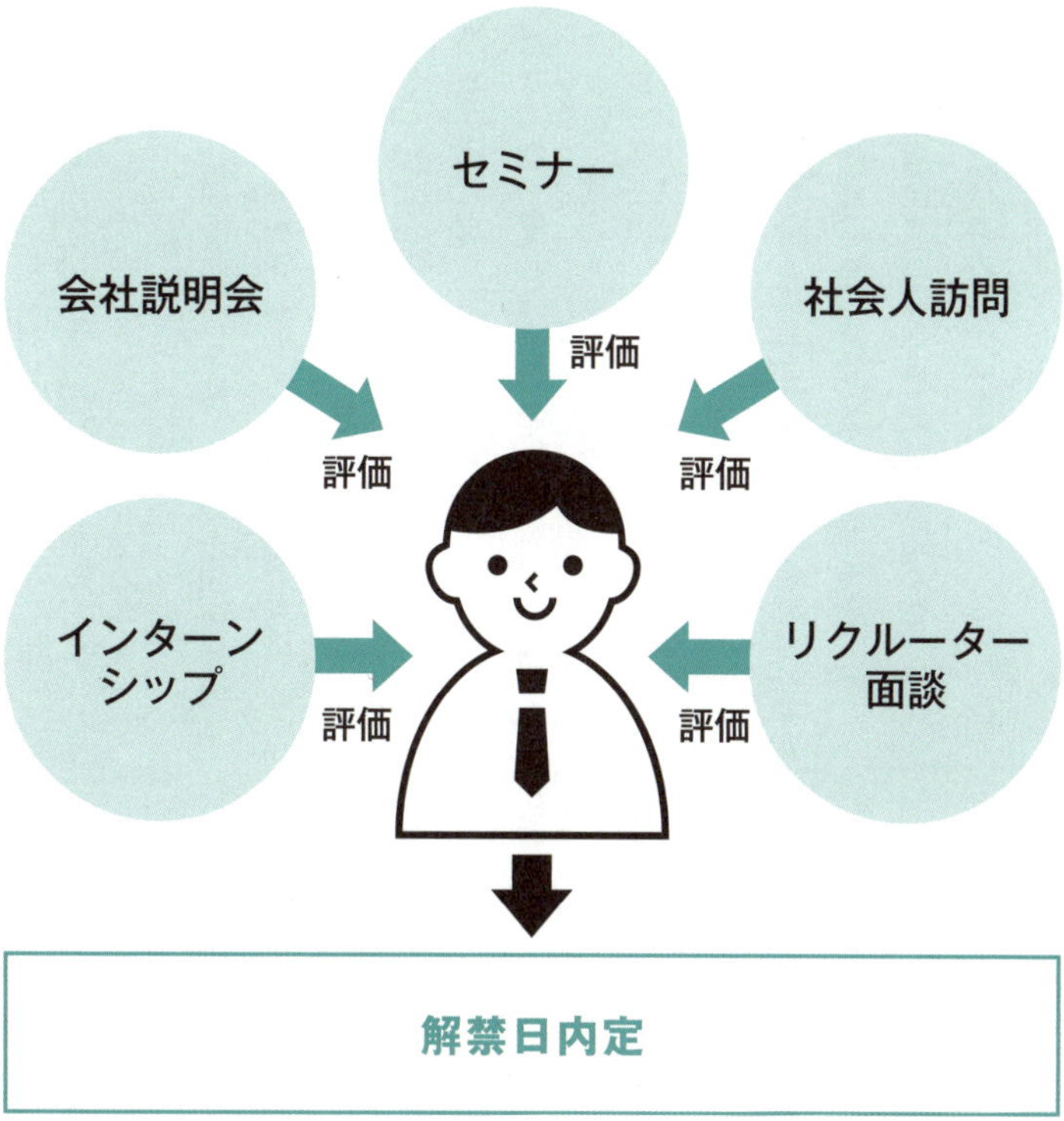

解禁日前から積極的に動き、
自分をアピールできた学生は、内定をもらえた！

内定者の社会人訪問

社会人訪問をする際に、「目的意識」を持っていた学生は内定していた。きみは何のために社会人訪問をするのか、目的意識を持っているだろうか。

次のような動機で動いているとしたら要注意。目的意識のない学生の典型だ。

「先輩から行ったほうがいいと言われたから」

「行けば何か教えてもらえると思って」

「社会人と話してみたかった、憧れの企業の社員と会ってみたかった」


社会人訪問をする目的は、たとえば次のようなものだ。

- □ホームページや本、会社説明会では見えてこない「企業のリアル」を知る
- □企業で働く人の雰囲気を感じ取る。自分と合うかを確認する
- □自分のやりたいことを実際に挑戦できるのか、教えてもらう
- □働く人の喜怒哀楽を聞き、仕事の醍醐味を知る
- □自分がその企業で活躍するイメージを明確にする

何となく会話をしても得られるものは少ない。何を知りたいのかを明確にしてから人と会う。目的意識を持ったコミュニケーションをとるのだ。そうすると、知れること、感じられることが増える。当然、面接で語れる内容も濃くなる。

社会人訪問は「人数」も重要だった。

我究館では毎年、志望業界だけで100人に社会人訪問をする学生がいる。

たとえば5社で100人の場合、1社につき20人程度だ。

商社志望で100社訪問した我究館のRくんは次のように語っていた。

「自分が本当に働きたい企業はどこかを知るためには、一定数以上会わなければ確信に至ることができない。しかも、複数の部署、さまざまな役職、幅広い年齢層の人に会おうとすると、必然的に人数が増えていった。社会人訪問が100人になった頃には、自分にはどこの会社が一番向いていて、その会社の中で何を実現したいのかが、自信を持って語れるようになっていた」とのことだ。

当然だが、Rくんは第一志望に内定していった。

また、近年は社会人訪問を受けた社員が、人事に学生の評価を報告するケースが増えている。

社会人訪問を重ねると徐々に考えがまとまっていく。社会人訪問でする質問や発言内容も鋭くなるため、社会人からの評価が高くなる。結果として、本選考を有利な状態でスタートできるため、当然、余裕をもって会話を進めることができる。

Chapter 1

「面接」の全体像を把握する

ここでは「面接」の形式や流れなど、
就職活動の終盤であり要ともいえる面接が何を意味して、
どのような流れで進むのかを説明しよう。

就職活動の全体像（2025年卒のスケジュール）

この図を見れば、1年中「面接（選考）」があることが、わかるはずだ！さっそく今から準備をしよう

編集部注:2023年2月現在のモデルケースです。
スケジュールについては随時変更される可能性があります

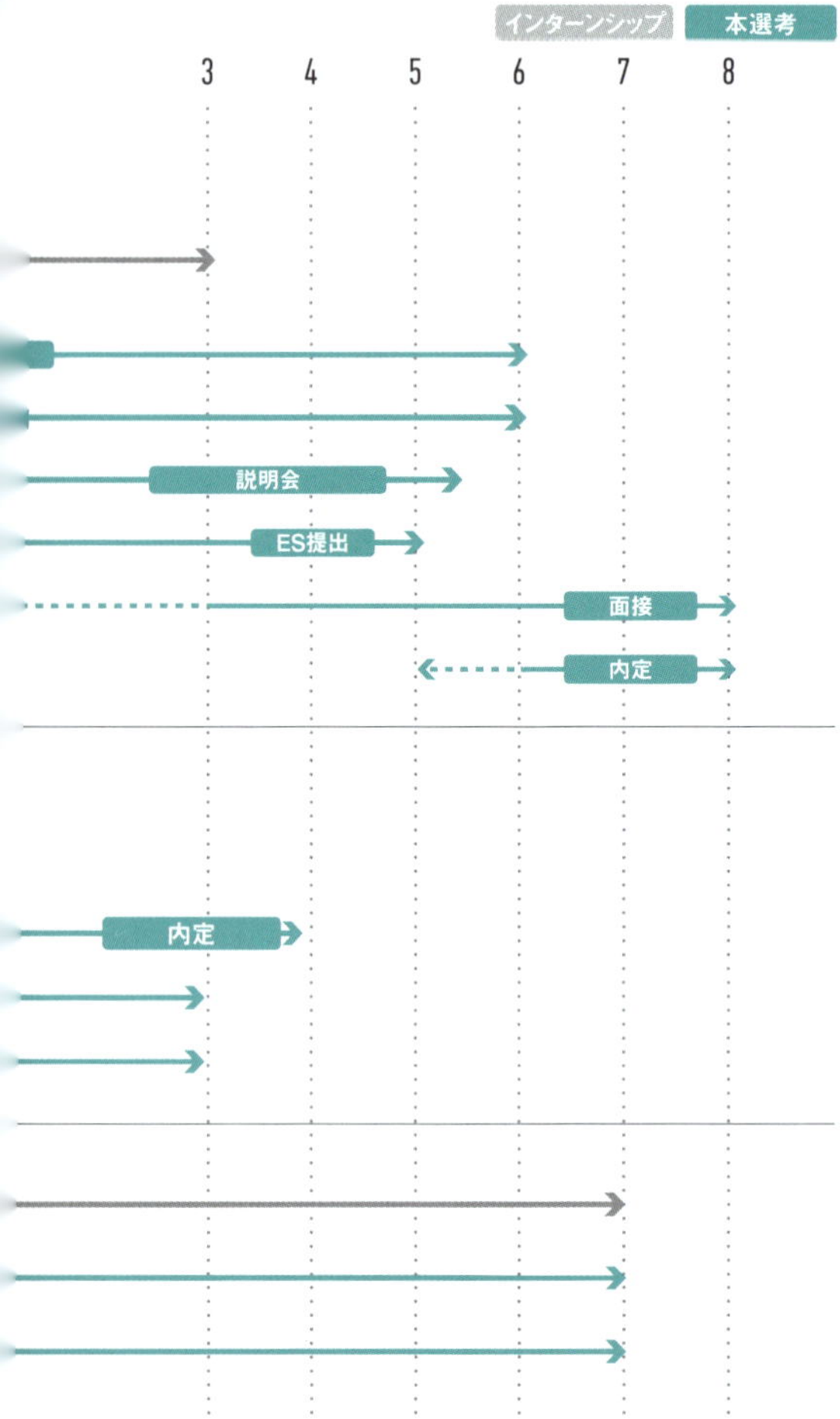

就職活動の全体像（2025年卒のスケジュール）

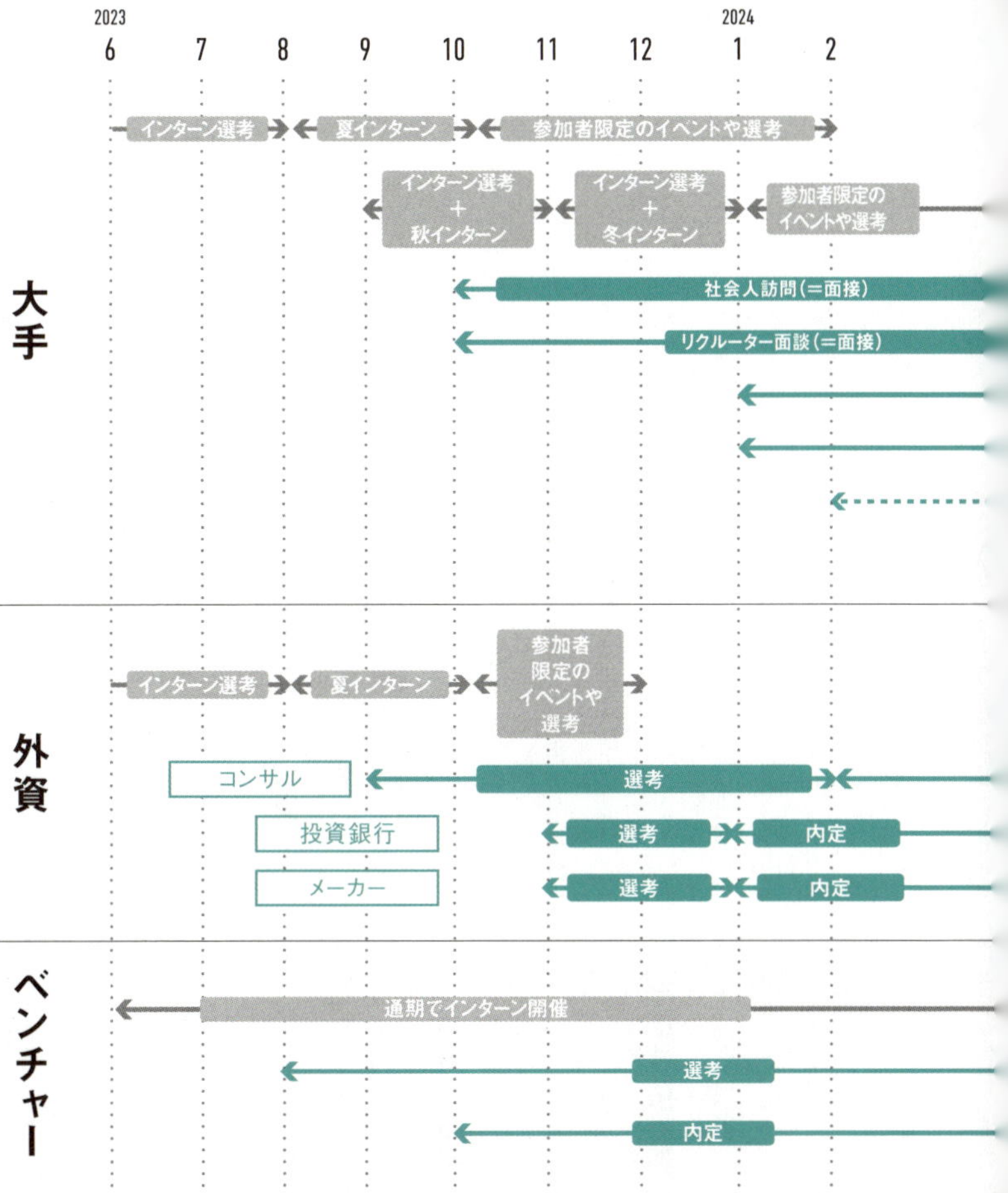

内定までの「面接」の流れ

面接には種類がある。

丁寧に学生を選抜する企業は、左図のすべてを行う。改めてそれぞれの内容を説明しておこう。

●**社会人訪問**：社会人訪問を受けた社員が人事に「学生の評価」を報告するケースが増えている。我究館の調べでは、ほぼすべての業界で行われている。この評価によって、次に説明する**リクルーター面談**に進めるかどうかが決まったり、**本選考の面接**が優遇されたりすることも。

▼**詳しくは**Chapter 9

●**リクルーター面談**：面接の解禁日前に企業から学生に対して「面談」を持ちかけ、場を設けることを指す。解禁日前までに複数名と面談し、評価が高い学生は解禁日の面接1回で内定が出る。メーカー、金融、ゼネコンなどで活発に行われる。実質的な「面接」と捉えていいだろう。

▼**詳しくは**Chapter 10

●**グループディスカッション（GD）**：実施する企業は多い。「20代女性にこれから流行る商品を開発せよ」など正解のないものを題材に、4～6人のグループで30分程度の議論を行うもの。コミュニケーション能力などが見られる。

▼**詳しくは**Chapter 8

内定までの面接の流れ

非公式な選考の場
（面接選考解禁日「前」）

- 社会人訪問
- ▼
- リクルーター面談
- ▼

公式な選考の場
（面接選考解禁日「後」）

- グループディスカッション（GD）
- ▼
- 面接
- ▼
- 内定

上記すべてにそれぞれの対策が必要。
本書では、これらすべての対策を解説していく

本選考の形式

何次面接かで形式が違う

面接は「何次」かによって形式が違う。話す相手も、持ち時間も違う。相手が違えば話す内容にも工夫が必要になる。まずは次の代表的なケースを押さえておこう。

1次面接

面接担当者：30代〜の中堅現場社員（1〜2人）
学生の人数：2〜6人の集団面接
持ち時間：1人5〜10分程度

2〜3次面接

面接担当者：40代〜の部長クラス（1〜2人）
学生の人数：1〜2人
持ち時間：1人30〜60分程度

最終面接

面接担当者：50代〜の役員クラス（1〜4人）
学生の人数：1人（〜2人）
持ち時間：1人30〜60分程度

1次、2次～最終面接は それぞれ形式が異なる

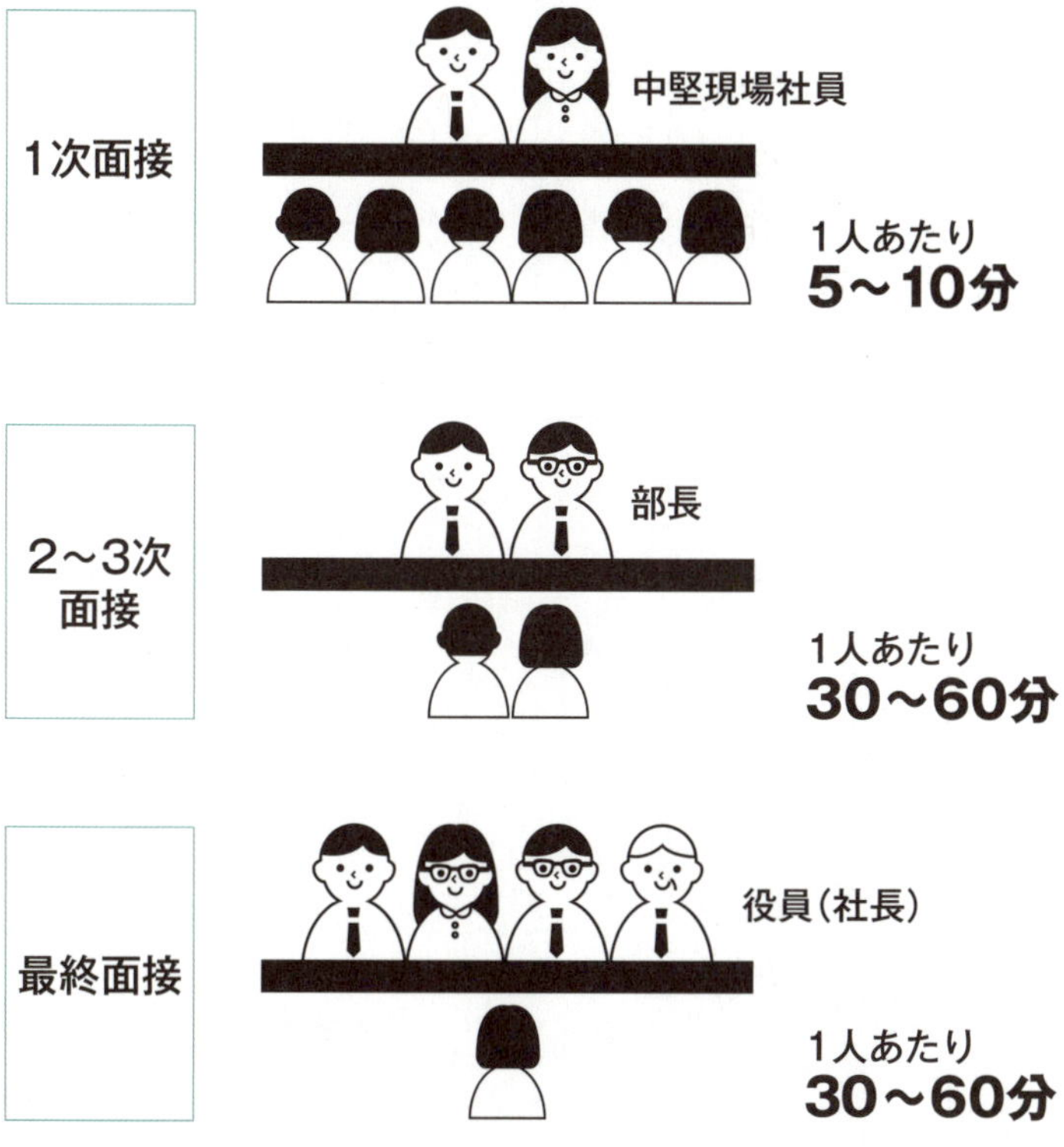

話す相手も持ち時間も異なる。
今が何次面接かしっかり把握しておくこと

何次面接かによって異なる「評価」のポイント

何次面接かによって企業が学生を評価するポイントは異なる。

〈それぞれの面接で、面接官が見ているポイント〉

●1次面接：コミュニケーション能力
●2～3次面接：企業が求める能力
●最終面接：志望度の高さ

1次面接では、コミュニケーション能力（人当たりの良さや受け答えの明瞭さ）を見ている。

書類は素晴らしいが、実際会ってみると「残念ながら一緒に働きたいと思えない」という人を落とす。学生の印象を見ているため、1次面接は時間の短い企業が多いのだ。

2～3次では能力を見られている。企業によって重視するポイントは異なる。業界研究と企業研究をして「求められる能力」を把握した上で、受け答えする必要がある。

最終面接は「志望度の高さ」だ。ここには、能力評価は「ＯＫ（問題なし）」という学生だけが残っている。後は役員が「本当に当社で活躍する覚悟があるか」を判断する。

「何次面接か」によって、見ているポイントが異なる

	コミュニケーション能力	企業が求める能力	志望度の高さ
1次	○		
2次		○	
3次		○	○
最終			○

前半は「能力」を見ているが、後半は「志望度」を見ている

Column

最終面接まで複数社いくのに、すべて落ちてしまった優秀な学生

毎年、就職活動で納得のいく結果を出せずに我究館の門を叩く学生がいる。就職留年を決意した学生たちだ。

「就職留年した人は、能力の足りない人だろう」と思うかもしれない。もしかしたらそういう人もいるかもしれないが、僕が会ってきた就職留年生はその逆である。

話を聞くと「総合商社4社、最終までいきましたが、全部落ちました」や「内定はもらっていたのですが、納得ができていません。第一志望の難関企業も最終までいったのですが、落とされてしまいました」など、一般的に優秀とされる学生が多い。

なぜ彼らは、結果を出せなかったのか。

それは**「最終面接」で何を見られているかを理解していなかった**からである。

すでに説明しているとおり、最終面接では「志望度の高さ」を見ている。それをないがしろにしていた可能性が高い。

こういった失敗をする人の共通点がある。

たいていの場合、学歴が高い。MARCH以上。TOEIC® 800点以上など押さえるべきポイントはしっかりとやっている。さらにサークルでも幹部を務めるなど、リー

ダーシップもあり人当たりもいい。学生時代にがんばったことも、ある程度は語れる。

結果、書類はかなりの確率で通る（すべて通ることも少なくない）。さらに面接も1次は当然すべて通る。2～3次も高い割合で通る。彼らは優秀だから当然だろう。

しかし、その通過率の高さが、落とし穴。慢心や油断につながる。

「残っている企業のどこかに内定するだろう」と。

最後の最後で詰めが甘くなる。

十分な対策をせず、最終手前までの面接と同じ準備や内容で、面接を受けに行ってしまい、結果、落とされてしまう。

繰り返すが、最終面接は「志望度の高さ」を見ている。「本気」でその企業で活躍しようとしている学生のみ、内定を受け取ることができる。油断せずに、しっかりと企業研究をし、「心からその企業で勝負する」と覚悟した人しか、特に難関企業は通過できない。この最後の詰めが勝敗を分けるのだ。

評価ポイントが最終面接だけ違う。

このことに気づかなかった人は、すべて最終で落ちてしまい、あと少しのところで肩を落とす。これを読んでいる人は気をつけてほしい。

大事なことは入社後自分が活躍するイメージが持てるように努力することだ。難関企業の倍率は数百倍であることを忘れてはいけない。

最終面接の案内を受け取ったら、そこからが最後の勝負、徹底的に自分の内なる声に耳を傾け、自信を持って語り抜く準備をしよう。

Chapter 2

絶対内定する「面接」戦略

本書は面接で話す「中身」と「見た目」の両側面から
面接を解説している。
どちらかが良ければ内定というものではない。
両者がそろってはじめて、最終面接を突破できる。
そのためには、両者を準備するための「戦略」が必要不可欠だ。

面接には「見た目」と「中身」の両方が必要だ

面接で評価される重要な要素は、**「見た目」と「中身」**だ。

どちらが大切ということではない。**両方あってはじめて内定を獲得できる。**

「見た目」とは、きみがムダに**減点**されないために絶対に守るべき**自分の印象**だ。例えば、立ち居振る舞い、しゃべり方や服装、髪型、表情、オンライン面接のカメラ映りなど。面接官は話している内容以上に話しているきみを見ている。リーダーシップを語る学生に対しては「見た目やしゃべり方の印象は人を動かすものか。本当に語っているようなことをしてきたのか」などを想像しながら、面接している。

「中身」とは、きみが面接で**加点**されるために、必ず手にするべきものだ。**自己PRや学生時代にがんばったこと、志望動機**のことだ。きみが何を主張しようとしているのか、面接官に何をアピールしようとしているかを、一度話しただけで伝わるよう工夫する。その上でほかの学生との差別化も考える。

「見た目」を整えることが得意な学生は「中身」が弱くなる傾向にある。表面を整えて就活を乗り切ろうとするが、中身がないために落とされてしまう。一方、「中身」は考え抜いているが、それを話す本人の「見た目」が整えられていないケースも多い。両方磨くことが重要なのだ。

面接官はここを評価する！

見た目　減点の対象

- 立ち居振る舞い
- しゃべり方
- 服装など

＋

中身　加点の対象

- 自己PR
- 学生時代にがんばったこと
- 志望動機

＝

面接の評価

**「減点」を極力抑え、
「加点」を増やしていこう！**

「見た目」と「中身」と「選考結果」の関係

左の図を見てほしい。

「見た目」と「中身」の両方が×の人は、当然ながら1次面接で落とされる。

一方、「見た目」と「中身」のどちらかが良い場合は、最終面接までは進めるケースがある。

「中身」はイマイチなので加点こそされないが「見た目」で減点されていないため、かろうじて選考通過の対象になっているケース。ハキハキとしゃべるコミュニケーションに自信のある学生に多い。また「見た目」で残念ながら減点されているが、「中身」のある話ができているため、とりあえず選考通過したケースだ。頭の良い優等生タイプの学生に多い。

この**どちらも最終突破は難しい**。

きみは「見た目」と「中身」、両方を意識しながら就職活動を進めているだろうか。

両者を満たしてはじめて最終面接を通過することができる。

すでに面接に落ちてしまった経験のある人は、どちらが足りなかったのか、分析はできているだろうか。

「見た目」と「中身」どちらが大事か？

	見た目	中身	
Aさん	×	×	1次落ち
Bさん	○	×	最終落ち
Cさん	×	○	最終落ち
Dさん	○	○	最終突破

「見た目」と「中身」両方そろって
はじめて内定できる

「見た目」を磨いて、最終面接を突破する

繰り返し語ることになるが、見た目の重要性は非常に大きい。

僕の知り合いの面接官は、次のような話をしている。

「1次面接の担当者をしています。私に与えられている時間は短く、1人の学生を5分程度でジャッジしなければいけないのです。そのため、話している内容では判断がつかないので、見た目で合否を決めます。見た目とはイケメンか美女かとか、造形的な意味ではなく、**服装やしゃべり方から伝わる、その人が持つ雰囲気やオーラのようなもの**ですね。そもそも『イマイチだな』と思う人が多くいるので、その人から落とします」（人材業界）

「2次面接では、じっくり話す時間があります。長時間話す中で内容もしっかりと聞く一方で、人物も見ています。**『一緒に働きたいか』を見る**ためです。どれだけ論理的に話をしていても、なんだか一緒に働きたいと思えない学生がいるのも事実です。知識面や論理性で優秀さを感じても、印象が悪いと落とすこともあります」（総合商社）

「最終面接では、印象の部分は無視できない。当社の場合は最終面接まで6回面接があります。そこまでの面接で能力などの優秀さはしっかりと確認されています。そのため、**話している内容だけでは差がつきにくい**のです。そこで注目するのが見た目です。しゃべり方や表情、立ち居振る舞い

もしっかりと見ます。入社後に働いているイメージはあるか、幹部候補生として、クライアントの前に出しても恥ずかしくないかも含めて見ます」（大手銀行）

結局、何次面接だろうと、見た目が大きく影響していることがわかるだろう。

大学生が憧れるような企業に勤めている方と、お会いしたことはあるだろうか。例外なく、素敵な方ばかりだ。特に商社や広告業界は群を抜いている。数ある中でも「人」で勝負している業界なので見た目にも気を使っている。説明会や社会人訪問を通して出会った学生は、ことごとく「素敵だった」と高揚しながら報告にくる。

能力の高い人であるほど、話す内容と同じくらい見た目にも気をつかう。

少し思い返してみると、そうではないか。

きみたちの周りにいるリーダーが、リーダーとして堂々とした振る舞いをするように。国のトップや大企業の経営者が、着る服やプレゼンのスタイルにこだわるように。そして、僕たちがその印象によって、その人を判断するように。

見た目に関しては、Chapter 6とChapter 7に詳しく書いた。面接で減点されないよう、必ず押さえておこう。

「中身」を磨いて、最終面接を突破する

前項まで「見た目」の話をしてきたので、誤解を与えているかもしれないが、「中身」がなければ何もはじまらないことを強調しておきたい。**最終面接で合否を決めるのは、やはり中身だ。**

あくまで**見た目は、減点対象。**

できていれば印象は良いが、それだけで最終面接を突破できるというものではない。できていなければマイナス。できていたとしても、加点にはならない。

一方で、**中身は加点対象。**

話す内容によって、面接官はきみを採用するかどうかを決める。

「自己PRを話してくれるが、みんなこちらに媚びたような内容になってしまっている。人事が『当社が求める人物像』として語ったものを、ただなぞって発言しているだけ。もっと本人が本当に大切にしてきた価値観や磨いてきた力、大げさに言うと生きてきた哲学のようなものを聞かせてほしい」（エンターテインメント業界）

「学生時代にがんばったことは、みんな似たような話をする。サークルメンバーのモチベーションを上げた話や、新入生歓迎会の集客の話など『王道』の話がある。質問をする面接官側の問題もあ

るが、似た話をされると退屈してしまうのも本音。魅力的に聞こえるように工夫をしてほしい」（大手広告代理店）

難関企業であればあるほど、選考が進むにつれて、優秀な学生しか残っていない。「全国〇位の実績」「〇〇人の集客に成功」「海外で〇〇なことを成し遂げてきた」など、明確にがんばってきたことがある人も少なくない。実績勝負だけでは最終面接の突破は難しいのだ。

他者との差別化のために、自分の何を伝えるのか、工夫が必要だ。きみの大切にしてきた価値観、努力のプロセス、強みなど。どの話をすれば、面接官に興味を持ってもらえるのか、きみの魅力が届くのかを考えるのだ。

中身を磨く方法についてはChapter 3とChapter 4も参照してほしい。

Chapter 3

「中身」対策

「自己ＰＲ」と「学生時代にがんばったこと」

ここでは、面接で話す「中身」を作成するために、
「何を」「どの順番で」「どのように」考えればよいか、解説する。
きみが学生生活をどのように過ごしたとしても、
きみらしく自分をアピールできるよう、
あらゆるケースのサンプルを準備した。
きっと参考になるものが見つかるはずだ。

今の時代に通用する自己PRの作成方法

時代の変化とともに、**有効な自己PRも変わる**。

今なら、**「私の強みは、●●だと思っています。それは△△（価値観）という思いがあるからです。実際に、その強みを活かして○○な結果を残してきました」**とすると良い。

変化が速く大きい時代だからこそ、自分そのもの、すなわち、自分の価値観を語ることだ。

企業は**強い人材を獲得したい**のだ。

いざというとき（それが今だ）に強い人物とは、洋の東西を問わず、正しきものを追い求める心（義）、それを実現しようとする勇気（勇）、思いやり（仁）、などに基づく自分の信念を持つ人物だ。

そういった「自分が大切にしている価値観」を伝えるべきである。

各社のエントリーシート（ES）を見ても、人気が高く競争率の高い、いわゆる一流企業ほど、その質問項目が変わってきた。

単純に強みを尋ねるものは減り、「これまでの人生における決断のシーン」や「どんな思いを持って挑戦したいのか」など、まさに**価値観を問う傾向がある。**

どういう思いを持って生きてきたのか、きみの根底にある価値観を語るべきだ。

自己PRの作成方法

1. 行動事実

主体性を持って取り組んだこと

▼

2. 価値観・コア

それに取り組んだ背景や思い

▼

3. PRポイント

特にがんばったこと・アピールしたい能力

▼

4. 結果

実績・得たもの・学び・今後の抱負

価値観を語るには、その価値観を育んだ背景（過去の経験や環境など）も語る必要がある。また、その価値観に基づいて打ち込んだこと、さらには、その価値観を持って将来どんなことに取り組みたいのか、ビジョンを語る。

ビジョンは、世界や社会の動きを踏まえたもので、なおかつ、そのことに触れた内容であることが望ましい。

過去の経験や環境を説明するときに、悲しかったことや悔しかったことを説明する必要があるときもあるだろう。その時はエモーショナル（感情的）にならないよう、ごく簡潔に語るようにしたい。

自己ＰＲというと、いきなり具体的な詳しい話をしはじめる人がいるが、それは良くない。聞き手は興味のない「自分語り」にうんざりするだろう。それどころか、コミュニケーションが上手にできない人だと思われてしまう。これでは逆効果だ。

基本は30～45秒。長くても1分に収める。詳細は不要、**ポイントを押さえて簡潔に語る**のだ。面接官が興味を持った部分を尋ねてくれたら、そのときはじめて詳細を伝えればいいのだ。

例

「私は小学校から3度転校してきました。常識が少しずつ違う場所で過ごすことで、本当に正しいことは何かを追究する姿勢が身についたと思っています。また、周りに流されずに発想し提案する力も身についたと思っています。これまでバンドやサークル、ゼミなどでリーダーの経験をしてきましたが、将来は大きな世界でより良い社会のためにリーダーシップを発揮していきたいです。世界に貢献するには、人々と良い関係を築きながらも互いに自立して持続的に成長できる環境を作っていくことが大事だと考えます。だからこそ世界の発展と安定を目指し、グローバルレベルでビジネスを展開していきたいと考えています」

例

「私の短所でもあり長所でもあると思うことは、マジメであることです。幼少期の経験からか、人の期待を裏切りたくないという思いが強いです。マジメ過ぎて不器用な面もありますが、コツコツと着実に結果を出せると自負しています」

「学業」について語ろう。2024年卒の自己PRで顕著だったこと

学業への取り組みに注目する企業が激増している。

ゼミの研究など勉強のテーマが注目されているのだ。社会が激動する中、どんな思いで研究分野や専攻を選んだのか。そして、どんな取り組みをしてきたのか。企業は非常に気にしている。学業に関する話を聞くことで、きみの社会に対する関心や、時代の流れを読む力を見ている。

左のページに示したように、経済の未来予測や、AIやプログラミングをはじめとする先端技術などを勉強してきた人の評価は非常に高い。グローバルな視点を養った人や、ビジネスで活用できる技術を学んできた人に、企業は強い興味を持っている。

面接官は学費を払う親の立場としても、大学生の本分である勉強や研究をしっかりやっていてほしいと思っている（面接が進むほどに、面接官は親の世代の人たちになってくる。きみと同じ年頃の子供がいるケースも少なくない。勉強をしっかりしていると、気持ち良く感じるものだ）。世界の動きを踏まえて、目的意識を持って学ぶ姿勢を養おう。

例

「専攻はマクロ経済です。コロナ禍などで混沌とした世界経済ですが、20年後の世界がどうなっているかと、ゼミでは、人口や成長率などをもとに、2040年のマクロ経済予測をテーマに研究しています」

例

「情報工学を専攻しています。配属予定の研究室で行う、画像認識AIに関する情報セキュリティ上の問題分析に備え、機械学習の原理を学んだり、Pythonを使用して機械学習モデルの構築を行ったりしています。きっかけは、AI技術を悪用して作成された、オバマ元大統領の演説の精巧なフェイク動画を見たことです。技術の不正利用や複製がされないように、情報セキュリティについて研究したいと思いました。また、画像認識AIの一種であるOCR技術にも興味があります。教材で学習するだけでなく、公開されている海外の漫画を自動翻訳するプログラムを作成するなどして、理解を深めています」

例

「大学では、情報工学について幅広い知識を学んでいます。1年生の頃から、プログラムに関するアルゴリズムや、設計思想を学んできました。そして、それらを実装し、動作確認なども行いました。また、技術者としての倫理に関する法律を学びながら、今後どう社会に貢献していくのかについても考えています。さらに、ソフトウェア開発の手順や考え方を学んでいます。来年からは、情報社会の根幹を支えるセキュリティについて研究したいです」

より アピール度の高い「16の法則」を使って話す

同じエピソードでも、面接官が「またあの話か」と思うか、「この学生はしっかり考えて行動している」と思うか。**切り口の違いで、印象はまったく変わってくる。**

であれば、アピール度の高い切り口で話をするべきだ。ここでは16の法則を紹介する。

面接官に伝えたいのは、**きみが「組織で活躍する人材」である**ことだ。

組織で活躍する人はどんな行動をしているだろうか。想像してみよう。

例えば「1人でがんばる行動」だけをアピールする人。

この人の評価は残念ながら低い。がんばってきたことはとても素晴らしい。しかし、面接官に伝えるべきは**「みんなを巻き込んだ行動」**だ。そのほうが、組織での活躍を予感させる。

次の項からは、同一人物のアピール内容を、「Before」「After」で並べている。何を、どのように磨き上げれば、よりアピール度の高い内容になるのかが具体的にわかるはずだ。

きみの魅力を最大限アピールするためにも、16の法則を使いこなそう。

アピール度の高い
16の法則

1. 表面的な行動より、コア（価値観）に直結した行動
2. 受動的な行動よりも、能動的な行動
3. 1人でがんばる行動より、みんなを巻き込む行動
4. メンバーの1人より、実質的なリーダー
5. ただのまとめ役より、何らかのアイデアの発案者兼まとめ役
6. 単なる改善より、コンセプトレベルからの改善
7. 単発イベントよりも、継続的な活動
8. 多くの人がやっていそうなことより、コンセプトがユニークなこと
9. みんなと同じような工夫より、ユニークな工夫
10. すんなりうまくいったことより、困難を乗り越えたこと
11. 今だけの改善より、後々まで影響する構造的変化
12. そこそこレベルよりも、突出したレベル
13. サポートする立場よりも、当事者としての活動
14. 勉強系あるいは肉体系オンリーよりも、勉強系と肉体系の両方
15. マイナスから±0よりも、結果としてプラスの話
16. 結果で語るのではなく、過程と結果のバランスをとる

切り口の違いで
きみの印象はまったく違うものになる！

表面的な行動より、コア(価値観)に直結した行動

なぜそれをやろうと思ったのか。どういう思いから、それをやろうというパッションがわき出てきたのか。**自分のコアを踏まえて語る**ことだ。どんなにすごいと思える話も、思いや情熱が伝わらないと、どこか薄っぺらい印象になる。

左ページのBeforeを見てほしい。盛り上がったのはわかるが、話に深みがない。もったいない印象だ。次の点を、改めて考えてみよう。

□そもそもどうして学園祭で集客を増やしたいと思ったのか
□どうしてオークションをやろうと思ったのか。集客を増やすこと、オークションで盛り上がることを通して、何を実現したかったのか
□「オークションを実施する中」で、特にアピールしたいことがあるのだろうか（おそらくあるはず。それは何?）
□オークションが盛り上がった経験の中で、きみが一番うれしかったことは何か。どうしてそれがうれしかったのか

Before　表面的な行動の例

学園祭のイベント運営委員として、オークション企画を実施しました。学園祭の目玉イベントとして、集客力を高めたいと思い、オークション企画を提案。その際、出品を依頼したり、運営の指揮をとったりと活躍しました。その結果、昨年比2倍の集客を実現しました。

After　コアに直結した行動の例

みんなが喜ぶために知恵を絞ること、そこに喜びを感じます。毎年盛り上がらない学園祭を盛り上げたい。しかし予算はない。そこで、オークションを企画しました。商品は学内だけでなく、学外を含めたほぼすべてのサークル、さらには近所の商店街にも声をかけ、集めました。その結果、学園祭全体で昨年比2倍の集客が実現しました。どうしたら多くの人が喜ぶか、そのアイデアを練ること、それを形にしていくことに、私は何よりも喜びを感じます。

出だしの一文がコアで、
最後にもう一度コアをプッシュしている。
このように具体例で見ると一目瞭然だ

アピール度の高い法則 2

受動的な行動よりも、能動的な行動

「受動的な行動」とは、たくさん音楽を聴いたとか、本を読んだとか、インスパイアされた経験のこと。それらはもちろん尊い。

だがそれよりも、音楽を作った、楽器を演奏してきた、バンド活動をしてきた、本を書いてきたという「能動的な行動」、**インスパイアしてきた経験のほうが評価は高い**のである。

イメージ的には、お客様側の立場での話ではなく、主催者側の立場の経験。ライブでいえば、聴衆ではなく、ステージサイド、あるいは主催者・運営者サイド。東京ディズニーランドであれば、ゲストではなくキャストの経験を語るべきだ。

例えば留学中の経験でも、受け身的に勉強した（インプットした）話ではなく、どれだけ教授や学校、ほかの学生に刺激を与えた（**アウトプット**した）のかという切り口で語る。

Before の例では、よくがんばったのだろうが、受動的な行動の枠を出ていない。授業を通じて、「同じ授業をとっている、ほかの学生や指導教授に与えたもの」は何かなかっただろうか。きっとあったはず。押さえておきたいモットーは出ているが、どんなことを追いかけていきたいのかは不明だ。

After との「差分」をしっかり押さえておこう。

Before

受動的な行動の例

大きな目標は小さな目標の積み重ねである。これが私のモットーです。私がこのことを実感したのは、経済政策の授業です。毎週テストとレポートがある厳しい授業ではありましたが、毎回授業に出ているうちに、最初は意味がわからなかった内容についても理解が深まり、「継続は力なり」だと感じるようになりました。このことから、どんなことも確実に積み重ねていけば、最終的には大きな力になることを学びました。

After

能動的な行動の例

自分が本気でぶつかれば大きな影響を与えられる。それが私のモットーです。私がこのことを実感したのは、経済政策の授業です。毎週テストとレポートがある厳しい授業ではありましたが、毎回予習し、先生に質問をぶつけ続けるうちに、自分の理解が深まっただけでなく、先生や周りの学生のテンションが上がっていくのを実感しました。理論や過去の事例を学ぶだけでなく、現在の日米中の経済政策を議論することを教授に提案し、1コマ割いて活発な議論を実現することもできました。今後も自分から本気になることで周りを刺激し、大きな影響を与えていきたいです。

B級体験（単なる楽しい体験）から、
一気に特A級（主体的行動に基づいて多くの人を
インスパイアした体験）になった

アピール度の高い法則 3

1人でがんばる行動より、みんなを巻き込む行動

1人で何かをやるより、**みんなを巻き込んだ話のほうが、評価は高い**。

例えば、趣味として1人でギターを練習するより、バンドを組んでやってきた人のほうが、評価は高い。ほかには勉強会を立ち上げた話、ボランティアグループを作って活動した話など。

きみという人間が、周囲に対し、どれだけ影響力を持てる人なのか。

Beforeの例では、「行動すること」が具体的に何を指しているのか不明確。聞き取れない状況から具体的にどんな行動をしたのか。だんだん聞き取れるようになってきてから、勇気を出してどんな行動をしたのか。実はその、聞き取れるようになってきてからの「行動」の中身や、どうしてそれをやったのかを加えることで、この経験からきみの価値観を伝えることができるはず。

さらに、行動することの素晴らしさ（行動することで得られるものがあること）を留学経験で知り、帰国後、どんなことに、どういう思いで取り組んだのか。それこそが面接官の聞きたいことであり、アピールするべきことだ。

Afterと比較をし、アピールポイントが変わっている点に注目してほしい。

Before　**１人でがんばる行動の例**

大学２年の春、オーストラリアのブリスベンへ短期留学しました。最初は、先生やホストマザーの話す英語が聞き取れず苦労しましたが、３カ月を過ぎたあたりから、だんだん聞き取れるようになり、最後には英語で自分の意見も言えるようになりました。何事も行動することが大切で、行動することで得られるものがあるということを留学経験で実感しました。

After　**みんなを巻き込む行動の例**

思い切って行動すること、後悔しないようにがんばること、がモットーです。例えばオーストラリア留学では、最初は英語もよく聞き取れなかったのですが、思い切って課外のディスカッショングループに参加しました。帰国直前には、グループを代表してオーストラリア人の学生と２人で30分のプレゼンテーションをやるまでになりました。また、その過程で、本気でがんばっていると必ず誰かがサポートしてくれるということも知りました。これからも、みんなと共有できる感動を求めて、思い切って挑戦したいと思います。

最初に大切にしている価値観を
語ることにより、人柄が伝わる。
また、周囲を巻き込んだ行動が入ることにより、
その価値観が本物であることを証明できている

アピール度の高い法則 4

メンバーの1人より、実質的なリーダー

当然、誰かが作ったものに参加した1メンバーとしての行動よりも、**実質的なリーダー**としての行動のほうが、評価は高い。さらに「創設者」であれば、0から1を生み出す力がある（無から有形のものを作り出せる）ことが伝わるため、より評価は高い。

Beforeの例は、素晴らしい経験だと想像する。しかし、次のポイントを押さえた上で、もう一度語って（書いて）みよう。

本当に自信があるのは、忍耐力と体力だけだろうか。ほかにはないか。相手を慮った上で、具体的にどんなことをしてきたか（きみはほかの部員とどう違うのか）。何かリーダー的にやったことはないのか。

その大学の登山部は、きみが所属していたことで、どんなことが変わったか。きみが何か変革をもたらしたことはないか。登山部をもっと素晴らしい部にするためには、さらにどんなことがあるといいか。そのために何かやったことはないか。何か今できることはないか……。

役職が「リーダー」かどうかではない。**主体的に周囲を巻き込んでいれば、実質的なリーダーとして評価される。**自分の経験に照らし合わせて考えてみよう。

Before　**メンバーの１人の例**

大学時代、登山部に所属し、毎年２カ月もの間、山での生活を送っていました。大自然の中での厳しい生活で培った忍耐力と体力には自信があります。また、２カ月もの長い期間、先輩や後輩と生活を共にすることでチームワークや相手を慮る力もついたと思います。素晴らしい景色の中で築いた友情は、一生の宝物です。

After　**実質的なリーダーの例**

私はみんなで力を合わせて目標を達成することに喜びを感じます。登山部に所属し、毎年２カ月もの間、山での生活を送っていました。大自然の中で、危険が伴う厳しい生活で培った忍耐力と、考え抜く力、みんなで気持ちを合わせる力には自信があります。例えばみんなの命を守るためにどのルートにするか、吹雪の中で立場を超えて本気で議論してきました。これからもみんなで力を合わせてより大きな目標を達成していきたいです。

少しアプローチを変えただけで、
友情だけでなく、真剣に頭を使ってきた様子や
遠慮なしに議論する中で培った友情が
ストレートに伝わってくる

アピール度の高い法則 5

ただのまとめ役より、何らかのアイデアの発案者兼まとめ役

組織の創設者や、リーダーではなくても、より良いものにするための、**何らかのアイデアの発案者であれば、当然ながら評価は高くなる。**

Beforeの例でも、気持ちは伝わる。しかし、実は「本気になって接すればわかってくれる」という趣旨の話が、具体例の中に入っていない。おそらく、自分が本気になることで、アルバイトの方々の仕事に対する真剣さや、シフトへのコミットメントがアップした（直前の休みが減ったなど）ということを言いたいのだろうと推測はできるが。次のような疑問点をクリアにしてみよう。

□シフト調整役として、シフトがより正確かつスムーズになるように話し合いをしたこと以外に、何かアイデアは出さなかったのだろうか。きっと出したはず

□きみがシフト調整役を終えた後、あるいはアルバイトを辞めた後も受け継がれるような工夫を何かしただろうか。おそらくきみが一生懸命になることで、あるいは話し合いをすることで、より良く変えた雰囲気は、少なくともしばらくは受け継がれるだろう。しかし、それをもっと確実なものにするためにできることはあるはず

Before　ただのまとめ役の例

本気になって接すれば、人はわかってくれる。これはファストフードのアルバイトを通じて学んだことです。アルバイト・リーダーとしてアルバイト全員のシフト調整を任されることとなり、一人ひとりとじっくり話し合うことで、うまくシフトを組むことができ、急にアルバイトに行けなくなったときなども、お互い助け合って仕事をするようになり、アルバイトの団結力も高まりました。

After　アイデア発案者兼まとめ役としての例

本気になって接すれば、人はわかってくれる。これはファストフードのアルバイトを通じて学んだことです。アルバイト・リーダーとしてアルバイト全員のシフト調整を任されたことがあります。一人ひとりと、希望のシフトをはじめ、感じている問題点やその改善案をじっくり話し合いました。その結果、うまくシフトを組むことができただけでなく、みんなのアルバイトへの姿勢やお店の雰囲気が変わったのを感じました。例えば、急にアルバイトに行けなくなったときなども、お互い助け合って仕事をするようになりました。このことはその後店長経由で本社に報告され、今ではほかの店でもアルバイト・リーダーの役割として共有されています。これからも、アイデアを出してみんなに喜ばれ、より大きな影響を与えていきたいです。

自己PRでは、現在進行形でやっていることを述べてもいい。結果が出ていることも大切だが、それ以上に「プロセス」を採用担当者は重視しているのだ

アピール度の高い法則 6

単なる改善より、コンセプトレベルからの改善

アイデアの発案にしても、よくある既定路線の中での創意工夫の話なのか、それとも、**そもそものコンセプトレベルから、新しい流れを作り出した経験**なのか。実際、「（既定路線での）創意工夫をしました」という話は、8割ぐらいの学生がすると思っていい。これでは「またか」で終わってしまう。

Before の例で、面接官が抱く疑問は次のようなものだ。

□どうして「そのまま使っていること」に疑問を持ったのだろうか
□どういう思いがあって「よりわかりやすく改善」したのか
□演劇サークルについて、「より良いもの」とはどういうものだと思っているのか

これらの切り口でもう一度考えてみるのだ。

ほかにも「なぜ？」で改善した話を、ゼミやアルバイト経験などから用意しておきたい。

このように、自分ががんばった背景にある思いや、問題意識を話すだけで、ほかの学生よりも「ワンランク上のアピール」ができるようになる。

Before　単なる改善の例

常に「なぜ？」という問題意識を持って物事に取り組んできました。演劇サークルでは、毎年3年生が演じていた台本を「なぜそのまま使っているのか」と疑問に思い、台本をよりわかりやすく改善しました。より良いものを作るために、これからも勇気を持って「なぜ？」と問いかけていきたいです。

After　コンセプトレベルからの改善の例

常に「なぜ？」という問題意識を持って物事に取り組んできました。演劇サークルでは、もっと自分たちもお客さんも楽しめる演劇作りを目指し、いくつかの改善をしました。例えば、毎年3年生が演じていた台本をより楽しくわかりやすく書き直しました。これにより、みんなが新しいものを作るという新鮮な気持ちで練習にも本番にも取り組むことができました。より多くの人に喜ばれ、自分自身も楽しめるよう、これからも勇気を持って「なぜ？」と問いかけていきたいです。

思いが明確になった。
単に変えるだけでなく、変えたことで
どんな効果があったのかについても、
明確になっている

アピール度の高い法則 7

単発イベントよりも、継続的な活動

パーティーや会合などの単発イベントの話よりも、**継続的な活動のほうが、評価は高い**。単発イベントだと主催者側の自己満足で終わっているケースが多い。継続してやることではじめて見えてくるもの、すなわち継続の中での**困難や喜びをどれだけ知っているのか**を見ているのだ。

Before の例は、単に「やってきたこと」の話になっている。「伝えたいことは何か」を今一度明確にしよう。

□ライブの運営を通して何を感じ、何を学び、自分の中でどのような変化があったのか
□企画の段階から、そもそもどんなコンサートをどんな思いで企画したのか

こんな具合で、がんばったポイント、工夫したポイントをすべて挙げてみよう。

おそらく出演バンドの仲間以上の思いで、彼ら以上のがんばりを、継続的にしてきたはずである。

それをアピールできるような「具体的な出来事」を見つけ出そう。

Before

単発イベントの例

大学祭でのロックバンドのライブ運営を大成功させたこと。これが私の誇りです。最初はチケットが「完売しないかも」という不安がありましたが、声を出して「当日券あります」と校内を駆けずり回り、開演2時間前には完売しました。何事もあきらめずに最後までやることが大切だと感じました。

After

継続的な活動の例

リーダーは何をするべきか、実際に行動しながら学んできたつもりです。自分たちで作った音楽サークル代表として、全員でサークルの目標を決めたつもりが、つい各バンドの練習に夢中になり、結局、サークルの運営に関しては私1人で動いてしまうことが多かったことを反省しました。そのため、ライブ運営は全員に役割を持ってもらい、定期的な会議を持ちました。全員が8つのバンド活動と兼務する中での予定調整は難しかったですが、深夜の時間も利用しながら、引退までに10を超えるライブを実施できました。みんなで目標を心から共有すること、そして常に全体を見渡し、役割分担をし、責任を持たせることの大切さを胸に刻みました。

別人のように大人の印象を受ける。
シンプルに「成功しました」と言うよりも
ずっと、信頼性を感じさせる

アピール度の高い法則 8

多くの人がやっていそうなことより、コンセプトがユニークなこと

多くの学生がやっているようなことよりも、できれば誰もやっていないようなこと、その**コンセプトがユニークであることのほうが、面接官の評価は高い**。

多くの人が当たり前と思っていることの延長線上の話をするのではなく、「自分はこう考える」という、**自分なりのコンセプトに基づいた行動**を語る。さらにそのコンセプトが新しければ、なお評価が高い。

Before の例のように、マラソン完走を語る学生は多い。

コンセプトを考えるときに、次のような視点を加えると新たな切り口が見える。

□目標は全員完走することだったのか。目標タイムなどは設定しなかったのだろうか（出場者のほとんどが完走することを、多くの面接官は知っている）

□目標のためにどんな準備（工夫・トレーニングなど）をしただろうか

Before　多くの人がやっていそうなことの例

高い目標に向かってがんばればがんばるほど、達成感も大きい。大学2年のときに、ホノルルマラソンに友人4人と挑戦しました。仲間と励まし合いながら、自分にプレッシャーを与えることで、完走できました。この経験を通じて、自分の限界に挑戦することと、友人と同じ目標に向かって努力することの大切さを学びました。社会に出てからも、チャレンジ精神を持ってがんばりたいと思います。

After　コンセプトがユニークなことの例

「中身も外見も美しくなること」を目指してきました。ダイエットのために女子4人でフルマラソンに挑戦しました。6カ月前から、週1回の練習を始め、結局週3回5キロのランニングで、4人全員、目標であった「一度も歩かずに完走」を達成することができました。友人と同じ目標に向かっての努力は、何よりも楽しく、当日歩きたくなったときも、力がわいてくるのを感じました。結果的に4人で合計13キロの減量に成功しましたが、それ以上に自分に自信を持つことができ、その後の学生生活ではゼミやアルバイトに全力投球できました。

「挑戦」はきっかけだったと位置づけ、
それが自分と自分自身の行動に
どのような変化をもたらしたのか。
しっかりアピールできていることで、
ユニークさを感じる

アピール度の高い法則 9

みんなと同じような工夫より、ユニークな工夫

何かをやる上で、いくつもの工夫があるはずだが、**「みんながやっていないような工夫」をした話のほうが、評価は高い**。

サークルやアルバイト、留学、ゼミに至るまで、学生がよく語る「同じような工夫」がある。その他大勢と同じ話をしていては、印象に残らない。きみにしかない工夫を見つけて話そう。

Before の例について、次のようなことを加味して、ユニークな工夫を考えてみよう。

□「生徒やほかの先生と徹底的に話し合う」ことで、きみは具体的に何を変えたのだろうか

□そもそもきみはどんな思いがあって塾講師をしたのだろうか。生徒に何を伝えたかったのだろうか。生徒に何を与えたかった（得てほしかった）のだろうか。本当にその手紙をもらったことが「何よりもうれしかった」ことなのだろうか

□きみが気づいたことは、ほかの講師にもプラスの影響を与えたのだろうか。将来の講師には受け継がれるのだろうか。それともきみの生徒だけが、たまたまその恩恵を受けたのだろうか

Before

みんなと同じような工夫の例

塾講師のアルバイトを通じて得たのは、「相手の気持ちになって考えることを忘れてはいけない」ということです。生徒から「先生の授業はわかりにくい」と言われ、どこがわかりにくかったのか、生徒やほかの先生たちと徹底的に話し合いました。相手の話に耳を傾けることで、生徒たちから「わかりやすい授業ありがとう」と手紙をもらったことが、何よりもうれしかったです。

After

ユニークな工夫の例

塾講師のアルバイトを通じて学んだことは、「本気になることの大切さ」です。生徒から「先生の授業はわかりにくい」と言われ、どこがわかりにくかったのか、生徒やほかの先生たちと徹底的に話し合いました。また、自分の授業を録画し、話のスクリプト全体としゃべり方を研究しました。突き詰めた結果気づいたのは、実は教え方やしゃべり方よりも、生徒の成長を願う気持ちが自分には足りなかったということでした。最終的に「わかりやすい授業ありがとう」と手紙をもらったことが、何よりもうれしかったです。大切なことを生徒に教えてもらいました。

取り組みの工夫もおもしろいが、それ以上に、そこからの気づきや学びも素晴らしい

アピール度の高い法則10

すんなりうまくいったことより、困難を乗り越えたこと

すんなりできそうなことよりも、**大きな困難を乗り越えたことこそ評価は高い。**
結果の成否や成果の大小の話をしているのではない。
きみが、きみなりに困難を感じ、乗り越えた経験を、面接官は聞きたいのだ。

Beforeの例では、すんなりうまくいったことのように受け止められる可能性がある。
笑顔のことをアピールしたいのであれば、笑顔を引き出すことの難しさを添えるだけで、がんばった様子が伝わるだろう。

□笑顔であるために、自分が工夫していることには、どんなことがあるのか
□「お客様のニーズ」を把握しようとしてきたと思うが、具体的にはどんなふうに行ったのか、具体的にどんなことがあったのか

宴会場ではさまざまな趣旨の宴会があったことだろう。宴会の趣旨によって工夫したことがあったのではないか。そのあたりが見えてくると、より「乗り越えた」話として伝わるだろう。

Before

すんなりうまくいったことの例

私は「お客様の笑顔が何よりの喜び」をモットーに、学生時代、ホテルの宴会場でのアルバイトに励みました。接客のアルバイトを通じて「笑顔が笑顔を呼ぶ」ということを、身をもって学び、いつでも笑顔を絶やさないよう気をつけました。これからも、1人でも多くのお客様が笑顔でホテルを後にするよう、お客様のニーズに合ったサービスと笑顔を提供していきたいと思います。

After

困難を乗り越えたことの例

私は「お客様の笑顔が何よりの喜び」をモットーに、学生時代、一流ホテルの宴会場でのアルバイトに励みました。接客のアルバイトを通じて「笑顔が笑顔を呼ぶ」ということを、身をもって学び、プロとしていつでも自然な笑顔を絶やさないよう気をつけました。お客様の要望レベルが高く、ちょっとしたミスが大きなクレームになるのを何回も見てきました。そのため、宴会の趣旨に合わせ、それにふさわしい笑顔や雰囲気作りも心がけてきました。これからも、1人でも多くのお客様が笑顔でホテルを後にするよう、お客様のニーズに合ったサービスと笑顔を提供していきたいと思います。

少しの追加だけで、
仕事場の緊張感、
難易度、困難が伝わるようになった

アピール度の高い法則 11

今だけの改善より、後々まで影響する構造的変化

とりあえず今だけの改善より、自分の引退後、卒業後まで影響力が残るような**「構造的変化を生み出すような工夫をした」話のほうが、評価は高い**。新しい流れは一時的なものだったのか、それとも脈々と続くものなのか。

Beforeの例では、自己満足の印象を受ける。そのときにケガがなかったのは良かったが、再発はないと言い切れるのか。次のような切り口で再度考えてみたい。

□事前に予測できなかったことは反省するべきである。「無事にライブを成功させることができました」という文章のトーンも考えたい。たまたま、無事に終えられただけではないのか

□「みなさんイスを押さえてください」以外に何をしたか。当然ながらその後のライブのため、再発を防ぐために安全面で工夫したこともあるはず

そういったことも考えて再度、アピールするべきことは何なのか考えるのだ。

即座の判断力があること自体は素晴らしいが、それをアピールするからには、事前の予測力や緻密さ、あるいは粘り強さなどとセットにしてアピールしないと、不安を与える可能性がある。

Before 今だけの改善の例

どんな状況でも即座に判断ができる。それが私の特技です。軽音楽部の学内ライブを行った際に、突然客席が次々と倒れるというアクシデントに見舞われましたが、演奏中にもかかわらず舞台上ですぐに「皆さんイスを押さえてくださいっ」と声をかけたため、ケガ人も出ず無事にライブを成功させました。

After 後々まで影響する構造的変化の例

どんな状況でも即座に判断ができる。それが私の長所だと自負しています。軽音楽部の学内ライブを行った際に、突然客席が次々と倒れるというアクシデントがありました。演奏中でしたが、舞台上ですぐに「皆さんイスを押さえてくださいっ」と声をかけたため、ケガ人も出ず、無事にライブを終えることができました。この経験からライブの演奏準備にばかり注力しがちな部の体質を改善し、会場設営の人員を増やしました。綿密な打ち合わせの上、来場者に危険が及ばない会場準備を徹底しています。

会場設営の人員を増やすことで
再発対策をとることができている。
この部は、今後もしっかりと取り組んでいくだろう

アピール度の高い法則12

そこそこレベルよりも、突出したレベル

客観的にも突出した結果を出せた話のほうが、評価が高い。

しかし、**結果をことさら強調しないこともポイントである。**結果を誇らしげに言えば言うほど、子供っぽくなる。結果はあくまでさりげなく、淡々と、しかしながら堂々と明確に語るのだ。

Beforeの例を改善するならば、次のようなことを考えてみよう。

□「楽しんで学ぶ」ことは大いに結構だが、3カ月間、どれぐらい楽しかったのか。勉強など、途中から飽きてくるものをどれだけ楽しめたかで、きみがどれほどに徹底して努力できるタイプかがわかる

□がんばってみて、「さて、何点取れたのか」というスタンスよりも、「何点を目指してどうがんばったのか」というスタンスのほうが、結果にこだわるプロ意識を感じさせる

アピールする際に、出した結果や努力の量だけを語る人が多いが、それではもったいない。「なぜそれをやろうと思ったのか」や「プロセスで大切にしたこと」など、**きみの人となりが伝わるような話を入れたい。**

Before **そこそこレベルの例**

私は「楽しんで学ぶ」工夫をすることを、常に心がけています。TOEIC® テストの勉強も、楽しみながら続けるにはと考え、洋楽CDや洋画のDVDを何度も聴きながら勉強しました。その結果スコアが3カ月で300点もアップし、920点になりました。

After **突出したレベルの例**

TOEIC® 920点を取得するために継続的に勉強したことです。英語に関してはTOEIC® スコアよりも、リスニングや会話など使える英語力を身につけようとしてきました。「努力は苦しいものではなく、楽しんでやるもの」と常に考えてきたので、洋楽CDや洋画のDVDなども使って学んできました。1日3時間、週21時間の勉強を自分に課し、自分との約束を徹底して守ってきました。スコアが取れたときに、結果以上に、そのプロセスで徹底して努力することの大切さを学ぶことができました。

結果も素晴らしいが、そのプロセスからも
徹底して努力する人であることが伝わってくる

アピール度の高い法則13

サポートする立場よりも、当事者としての活動

就職や勉強のサポートをしましたというような話よりも、**自分が当事者として前線に立ってがんばった話のほうが、評価は高い**。

マネージャー活動も、実はサポートの域を超え、選手やコーチ以上に真剣だったはず。大会前の場の雰囲気調整の話もいいが、それ以外のときも継続的に心がけていたことがあるはずだ。それをしっかり伝えるのだ。

Beforeの例であれば、次のようなことを考えると、当事者としての切り口が見えてくる。

- □マネージャーの役割は何だったと思うのか
- □どういうサークルであってほしいと思っていたのか
- □きみが選手や部長と同様に、あるいはそれ以上に本気になってきたことは、どんなことか
- □きみは先輩マネージャーと比べて何が違うのか（どう良いのか）
- □きみは後輩マネージャーに、どんな影響を与えたのか（後輩マネージャーがもっと素晴らしくなるようにどんな工夫をしたか、あるいはしているか）

Before　サポートする立場の例

私が大学生活で最もエネルギーを注いだことは、スキーサークルのマネージャーとして、仲間をサポートしてきたことです。大会前にはリラックスしてもらうよう、積極的に声をかけたり、逆にやる気が足りないときには場を引き締める厳しい言葉をかけたりして雰囲気を調整しました。その結果、サークル対抗の大会では10サークル中3位の総合成績をおさめました。今後もこの経験を御社で生かしていきたいと考えます。

After　当事者としての活動の例

雰囲気を読み調整すること。仲間に勇気と安らぎを与えること。それが私の強みだと思います。大学生活で最もエネルギーを注いだことは、スキーサークルのマネージャー活動です。厳しさと一体感を作り出せるよう、夏場の練習から全体の雰囲気と、一人ひとりの状態把握に努め、状況に応じて声をかけ、率先して仕事に取り組むことで、場を調整してきました。その結果、サークル対抗の大会では10サークル中、この10年で最高の3位の総合成績をおさめました。今後もこの経験を御社で生かしていきたいと考えます。

当事者として活躍したことが伝わる。
マネージャーとして選手のパフォーマンスに
どれだけプラスの影響を与えられたか。
「本気の絆」の影響力の大きさを、面接官は知っている

勉強系あるいは肉体系オンリーよりも、勉強系と肉体系の両方

勉強の話もスポーツの話も素晴らしいが、**両方あってこそ評価は高くなる。**

Beforeの例は、勉強熱心だが、まあまあの評価の域を出ていないのが寂しい。

例えば次のようなことも考えたい。

□先生のアドバイスの範囲内でしか勉強できていない、枠の中でがんばる、おりこうさんという印象。自分なりの着眼点で、勉強したことはないのだろうか

□きみが自分の考えで突出した経験・先生に提案した経験・意見が対立した経験など、リーダーシップを感じさせる経験はないのだろうか

□勉強をアピールするからには、どこかでスポーツ（汗を流しているきみの姿）のイメージも残したい

Afterで語られている「バランス」に着目しよう。

Before 勉強系オンリーの例

ゼミの復習を2年間、毎週欠かさず続けたことです。授業の内容をメモしたものを、頭に入れるためにノートに図表を入れながら書き込み、授業の最後に先生が言う参考図書を、毎回読みました。2年間で100冊近く読んだと思います。毎回半日から1日かけて行った復習で、ゼミの成績は「優」をとることができました。小さなことをコツコツと努力したことが、大きな成果を生んだのだと思っています。御社に入ってからも努力を積み重ねていきます。

After 勉強系と肉体系の両方の例

コツコツ努力すること。期待以上にがんばること。それが私の長所です。計量経済のゼミの復習を、毎週欠かさず続けています。授業の内容をメモしたものを、頭に入れるためにノートに図表を入れながら書き込み、指定の参考図書や関連の図書や論文を、のべ100冊読みました。また、今後論文を読むのに必要になる数学も独学で学び、ゼミ生にレクチャーしています。また、年4回のフルマラソン出場のため、ゼミ生と一緒に週3回15キロ、個人では朝5キロのランニングが日課です。「全員完走」を目標とし、定期的にランニングコーチのアドバイスも受けながら、技術を磨いています。

勉強系と肉体系、
両方のエピソードを入れることにより、
人としての幅があることが伝わるようになった

アピール度の高い法則15

マイナスから±0よりも、結果としてプラスの話

「昔は全然ダメだったが、どうにか人並みになった」という類の話よりも、どんながんばりで、結果として**どれだけ突出できたのか**が重要である。

繰り返すが、その場合も結果はさりげなく。言いたいポイントはそこではないとにおわすように。

Beforeの「軽さを最大限生かすことによって、独自のスタイルを作り上げることができ……」のくだりはゾクゾクする。しかしその後の「大会に出ることができました」で「?」となる。

大会にもいろいろある。どんな大会に出ることができたのだろうか。独自のスタイルを作るために、小柄なプロ選手などのスタイルをどれほど分析・研究したのだろうか。どれほど真剣であったのか、トレーニングも含め、どれほどの努力が背景にあるのか、このままでは伝わらない。

そして、そもそも目指していたレベルはどのレベルなのか。世界大会出場か、それとも単なる「優勝」か、あるいは大会に「出場」することなのか。

仕事においてきみがどのレベルを目指すのか、非常に気になる。一番になる気は本当にあるのか。

Afterでは**狙ってつかみとった結果**ということが伝わる。この違いを実感してほしい。

Before

マイナスから±0の例

私は、自分らしさを生かすのが得意です。大学時代、ウインドサーフィンのサークルに所属し、毎日厳しい練習を重ねました。未経験者で、なおかつ体が大きくないため、なかなか上達せず苦労しましたが、自分の体の特徴である軽さを最大限生かすことによって、独自のスタイルを作り上げることができ、大学3年のときには大会に出ることができました。

After

結果としてプラスの例

私は、自分らしさを生かすのが得意です。大学時代、ウインドサーフィンのサークルに所属し、毎日厳しい練習を重ねました。未経験者で、なおかつ体が大きくないため、なかなか上達せず苦労しましたが、自分の体の特徴である軽さを最大限生かすことによって、自分独自のスタイルを作り上げてきました。微風では誰にも負けない自信があります。また、この経験を基に、小柄な後輩たちに指導をしてきました。「体格がよい人のみ」が活躍するサークルから、「努力した人」が活躍できるサークルへの変革を目指しています。

自分独自のスタイルを作り上げた上に、
それを周囲に伝えている点が評価できる。
また、マイナスを自分のプラスにするだけでなく、
組織全体の向上にまで貢献できている

結果で語るのではなく、過程と結果のバランスをとる

あくまでも**結果はさりげなく伝え、その過程の工夫を語るのだ**。結果も重要なのはわかっているが、アピールしたいのはその過程である。面接官は、結果の成否だけで評価しているわけではない。

Before の例では、お好み焼き屋で楽しそうにやっている様子は想像できるが、何をアピールしたいのだろうか。「何もないところから、60人の素晴らしい仲間とワイワイやっているサークルを作ることができた」ことをアピールしたいのだろうか。

その仲間がどれほど素晴らしい仲間なのか、どれほどラクロスに燃えているのか、どれほどの絆なのかは、この例では残念ながら伝わらない。そもそも目指していたのは何だったのか（どんな思いで、どんなサークルを作ろうとしてきたのか）。どんなサークルになったことをアピールしたいのか。

それらを一度考え直して、話に盛り込むだけでまったく違う印象になる。

Before **結果で語る例**

友人と一緒にラクロスのサークルを作りました。最初は２人からスタートしましたが、後輩や同期に積極的に声をかけ、今では60人のサークルにまで成長しました。年に2回、春と夏に合宿を行い、他校との交流試合も年間２回行い、大学祭ではお好み焼き屋を出店して1日16万円、3日で55万円を売り上げました。ゼロからチャレンジして得た成功は、何物にも代えがたいものです。

After **過程と結果のバランスがとれた例**

ゼロから思い１つで作る「行動力」が私のウリです。大学生活を充実させたいという思いから、友人とラクロスのサークルを作りました。最初は２人からスタートしましたが、後輩や同期に積極的に声をかけ、今では60人のサークルにまで成長しました。年に2回、春と夏に合宿を行い、他校との交流試合も年間2回行い、大学祭ではお好み焼き屋を出店するなど、今では大学で有数のサークルになっています。何もないところから、思いだけでチャレンジし続け、そして得た仲間たちや彼らとの経験は、何物にも代えがたいものです。今後もこの行動力を活かして新しい価値を創造していきたいと思います。

大切にしたい「価値観」がしっかりと伝わってくる。
入社後も絆を大切にしながら活躍する姿が想像できる

「正直、たいした経験をしていない」という人でも大丈夫！　「10の裏技」を使おう

ここまで読んできて、もしかしたらきみは自信をなくしているかもしれない。

「正直、そんなすごい経験はない」

「そもそも、アピール度の高いエピソードを持っていない」

「コロナ禍でずっと家にいた」

などと思っている人もいるだろう。


そういう人は、「違う路線」で自分をアピールするのもありだ。

僕から、10の提案をしてみたい。

この「自己ＰＲ裏技」を使うことによって、きみの魅力を最大限伝える工夫ができるかもしれない。ただし、奇をてらって得意げに伝えるのではなく、どの裏技も誠実な雰囲気で伝えることが肝心だ。10の裏技について、詳しく説明していこう。

自己PR10の裏技

1. 最近やり始めたこと作戦

2. 自分の経験と生きざま作戦

3. 失敗の反省と気づき作戦

4. 自分の転機作戦

5. 独自路線作戦

6. 価値観全面作戦

7. ウリ全面作戦

8. イメージの逆張りアピール作戦

9. 親友アピール作戦

10. すっかりその気の問題提起作戦

自己PRに使える10の裏技

自己PR裏技① 最近やり始めたこと作戦

大学時代にがんばったこと。切り口次第でアピールできる経験はあるにはあるが、それをイマイチだと感じるようなら、今から何かをやり始めればいい。ネタを作り始めればいい。

自分がやりたいと思っていることを、本気で。

就職留年して学生生活を充実させるのも悪くないが、留年しなくても、最近始めたことを堂々と語ればいいのだ。

今やっていることに自信が持てれば持てるほど、すなわち、本気であればあるほど、以前の（自信のなかった）自分も、正直に語ることができる。

例えば、高校時代に部活に燃えた反動で、大学時代は特に何も燃えることがなく、最初の２年はゴロゴロ寝て過ごしていた。今が超充実しているなら、それも正直に語れるようになる。

「そういう時期がある人＝ダメ人間」などと、誰も思っていない。

むしろ正直に語ってくれることを評価し、誠実な人柄が伝わり、信頼度がアップするかもしれない。「そういう時期があったからこそ、今、燃えられるんだよね」と、面接官に共感してもらえる可能性も高い。

裏技①の例　最近始めた筋トレ

私は本気の筋トレで圧倒的成長を成し遂げました。就職活動を始めた当初、自分が自信をもって語れることがないと気づきました。そこで、すぐに始められる筋トレを思いつき、24時間利用できるジムに入会してトレーニングを始めました。ほぼ毎日、1時間のトレーニングを継続し、生まれて初めて腹筋が割れるという成果が出ています。これからも継続的に努力することを通して成果を出せるように成長していきたいです。

**自分の至らなさを認めたうえで
努力していることを述べていて、
非常に価値がある。やっていないことや
できていないことを隠すのにもリスクがある**

裏技①の例　趣味で続けてきたこと

自分の情熱を発信しています。エンターテインメント業界で仕事をしたいと思い、自分の好きな音楽について定期的にWeb上で情報発信をしています。具体的には、毎週のヒットチャートに対して独自の考察をしています。最初は的外れな話をすることも多かったのですが、次第に反応やコメントをもらえるようになりました。これからも続けていきます。

**好きなことをやり続けるのも大事な力だ。
己が貫いてきたことについて自信をもって語ろう**

自己PR裏技② 自分の経験と生きざま作戦

自己PRというと、「大学時代に打ち込んだ経験」を語らなければならないと思い込んでいる学生が多い。しかし、その限りではない。

自分のヒストリーを語ることで、より一層きみという人物をわかりやすく伝えることができる。例えば家族構成、幼少期からどのような育ち方をしてきたのか、経験と生きざまを語るなど。幼少期にあったエピソード、親との関係、兄弟の関係、それによってどんな価値観を持ったのか、その価値観のもと、どのような生き方をしてきたかを語ることだ。

多少、恥ずかしい話や不幸な出来事など、言いにくいこともあるかもしれない。しかし、今の自分に自信があれば、語っても問題ないはずだ。

今の自分に自信を持っていることが、あくまで前提条件だ。

したがって、どんな話であっても、暗くなったり、お悩み相談調になったりしてしまってはいけない。むしろ淡々と、あるいはハツラツと語ってほしい。今の自分に自信があるからこそ。

例えば幼少期までさかのぼらなくても、高校時代はこうで、だからこそ大学時代はこうだった、と過去を振り返る形で語るのも有効だ。

どのように語るかは、裏技③の「失敗の反省と気づき作戦」も参考にするといい。

裏技②の例

一つのことに
取り組み続けて得た強み

サッカーを通して養った俯瞰《ふかん》する力が私の強みです。私は小学校からずっとサッカーをしています。ポジションはボランチで、フィールドの真ん中で常にゲームの全体を把握しながらプレーすることを求められます。小学校からずっとこのポジションを続けてきて、サッカー以外でも常に俯瞰して物事を考えるようになりました。この習慣はクラスやアルバイトなどさまざまなところで役立っています。社会人になってもこの力を活かして、組織に貢献していきたいです。

長く続けているからこそ得られるものがある。
それをほかの場面で使った経験を語るのだ

裏技②の例

高校時代のエピソード

「大切な人を守れるように強くなる」。これが私のモチベーションの源泉です。高校生の時に急に母が倒れ、入院しました。最悪の事態を想定しなくてはいけない状況で、何もできない無力さに打ちひしがれました。そこから大切な人を守るための強さを身につけると決心し、受験勉強に打ち込み、無事に第一志望に合格できました。そして、社会人としても活躍できるように、大学では得意な数学を活かしながら統計学を中心に学びを深めています。

ある出来事をきっかけに、自分の行動が変わったこと、
それが継続できていることを語れている

自己PR裏技③　失敗の反省と気づき作戦

自己PRは成功談でなければならないと思い込んでいる人が多いが、その必要はない。失敗によって気づいたことや感じたこともあるだろう。その思いをきっかけに、その後どのような飛躍につながったのか。失敗からプラスの経験に導くのだ。

失敗経験は、中学時代でも高校時代でもいい。時間の隔たりがあるほど、追いかけている期間が長くなり、説得力もアップする。

例えば、部活の部長としてがんばっていたつもりが、何かをきっかけに不信任になってしまったとする。それに向き合い、どう乗り越えようとしたのか。

その後、もう一度、地道な努力で縁の下の力持ち的に、仲間を支えることで影響を与えようと努力してきたこと。地道な経験を通して、うまくいかなかったところを改善し、みんなの中で影響力を与える存在になっていったこと。

さらには、ごく最近、サークルでリーダーシップをとろうと、がんばっている途中であること。

このようなことなどを簡潔に語れば、面接官のほとんど全員が、きみに感情移入するはずだ。

今後の成長にも期待するだろう。誰しも似たような経験があるはずだから。

裏技③の例 結果にこだわりすぎて失敗

私にはロジックとパッションでチーム力向上に貢献する力があります。中学校の時に部長を任され、結果にこだわりすぎるあまり周囲との不和が生まれ、孤立してしまいました。この反省を活かし、高校、大学時代は野球部でメンバーが何に悩んだり、つまずいたりしているのかをヒアリングし、論理的にアドバイスするとともに、勝利への強い思いでチームに貢献してきました。これからも社会人として、自分の強みを活かし組織に貢献していきたいです。

失敗を失敗のままにせず、
次の機会に活かして成長したことは素晴らしい。
つまずいた先にあるものを語れるようになろう

裏技③の例 就職活動で失敗

私は2回目の就活をしています。理由はシンプルで、最初の就活はただ周りに合わせて、なんとなく就活をしていたからです。そこに主体性はなく昨年の6月に内定が1つも出なかったことで、「なぜ就活をしているのか？」という問いを立てました。それから目指すべきことを明確にして2回目の就活をしています。今は情報格差を埋める橋渡し役になりたいと強く思っています。

就職留年の学生も数多く見てきた。
最初は失敗を受け入れられず苦労するものだ。しかし、
ひとたび受け入れられれば成長速度は一気に上がる。
これもその事例の１つだ

自己PR裏技④　自分の転機作戦

失敗経験に似ているが、**「逃げた経験」を語るのも有効だ。**

どうして逃げたのかはもちろんだが、どうして逃げるのをやめたのか、何が転機になったのか、絆の存在や、自分に負けたくない気持ち、未来への決意にもつながる「自分のコア」。これらを、転機を題材にしてうまく表現できれば、単なる成功談よりもはるかに効果的にアピールできる。

転機後のうまくいった話も、ことさら派手でなくていい。わかりやすい結果を伴うものでなくてもいい。むしろ地味な話のほうが、グッとくる可能性も高い。

話の最後には、きみの「未来への決意」が面接官にしっかりと伝わるように工夫しよう。

自己PR裏技⑤　独自路線作戦

良い高校に行って、良い大学に行って、とステレオタイプ的な学生があふれる中、独自の価値観を大事にして生きてきた経験を語るのも、効果的だ。

まず、どんな価値観を持ってきたのか。そこで印象づけたい。どうしてそう思ったのか、背景も説明する必要がある。その上で、どんな考えを持って、どんなことに夢中になって中学・高校時代を過ごし何を身につけたのか。

おりこうでマジメな小粒の学生には言えない言葉を、フンダンにちりばめながら語るといい。

実のところ、面接官はそのような学生を求めている。

裏技④の例　サークルをやめた経験

「二度と裏切らない自分になる」と心がけています。大学のイベントサークルを仲間とともに運営しており、あるイベントで私が提案して、実行したことが大失敗に終わり、そのサークルをやめました。正直立ち直れない日々が続きましたが、ひどく落ち込む私を励ましてくれる仲間もいました。その時に「自分を信頼してくれる仲間を絶対に裏切らない」と決め、自分の中で強い信念が生まれるきっかけとなりました。

自分の失敗経験を語るのはとても勇気がいる。しかし、それを語れるところに人として成長した強さを感じる

裏技⑤の例　ずっと大事にしてきた「笑顔」

私が大事にしていることは「笑顔」です。小さい頃、自分の行動で家族や周りの人が笑顔になるのがとにかくうれしかったからです。学校ではクラスの人が喜んでくれることを模索し続けました。大学に入ってからもサークルのイベント時に「みんなが笑顔になってくれるためには？」と常に意識しながら、組織の小さな不満へ敏感に反応しながら組織運営に携わってきました。これからも「笑顔」を大切に周りの人や組織に貢献してきたいです。

自分の生い立ちから、自分の価値観を語っている。時間軸を意識することで、納得感が生まれる

自己PR裏技⑥　価値観全面作戦

これまで述べてきた作戦の複合型だ。

自分のヒストリーと、自分の価値観、コアを語る。その上で、やってきたアクティビティを端的に列挙する。詳細については、面接官に尋ねていただいてから語る。

さまざまな経験をしてきたからこそ感じられたことを、コンパクトにまとめるという手法だ。

基本的に自己PRというと、たった1つの経験をピックアップして語るのが定番だが、そもそも妙な話だ。さまざまな経験を通じてこそ、培われたものがあるはず。それをうまく語るのだ。

自己PR裏技⑦　ウリ全面作戦

即戦力をよりアピールするために、ウリとなる能力1つか2つを、全面的にアピールする作戦である。

転職の面接では、基本的にこの作戦が一般的である。

転職者は、客観的な視点を持っているので、冷静な大人の印象を面接官に与えることができる。

ウリとしてアピールすべき能力は、明るいとか快活ということではなく、見た目で判断できることでもなく、「考え方」に関するものが有効だ。

すべての経験から、ウリをうまく説明できるようにしておく必要がある。

裏技⑥の例　承認欲求を軸に語る

私は承認欲求の塊です。その背景には妹の存在があります。妹が生まれるまで、私は家族の中心でした。しかし、妹が生まれてからというもの、家族の注目は私から妹に移ってしまいました。ただ、学校のテストで良い点数をとったり、部活で活躍したりすると家族の注目が戻るとわかり、勉強やスポーツで結果を出すことに尽力し続けました。きっかけは妹の存在かもしれませんが、結果にこだわる姿勢はこれからも大事にしたいです。

承認欲求が強い学生は多い。
それ自体は悪いことではないが「結果を出す」
というアピールにうまくつなげられている人は少ない

裏技⑦の例　バイトで活かしてきたウリ

私の強みは相手と同じ目線でものを見られることと、その力を活かした提案力です。目の前の人が何を考え、何を求めているのかを意識しています。この力をカフェのバイトで役立てました。初めていらっしゃったお客様やメニューで悩まれているお客様には、おすすめのメニューを紹介し、薬を取り出された方にはお水が必要かお声がけをしました。今後仕事をするときにもこの力を活かし、社内外の人の役に立てるようにしたいです。

具体的な強みをエピソードと共に話せている。
説得力が増す良い事例である

自己ＰＲ裏技⑧　イメージの逆張りアピール作戦

自分という人間が周囲の人たちから持たれているイメージは、実は画一的である。友人や、きみのことをよく知らない友人に尋ねて回るといい。だいたい同じことを言うだろう。

彼らが語るきみのイメージ。その「逆張り」の話で、あえて自己ＰＲを展開するというのも、非常に有効な手だ。

面接官は、「印象」から、その学生の長所と短所を把握する。

そこで、おそらく面接官が想像するであろう「短所」を逆手にとって、積極的にアピールしていくのである。

例えば、快活な印象の人、目立ちたがり屋で派手好きな印象の人なら、縁の下の力持ち的なものが大好き、という部分をあえて語る。コツコツ努力することが好きなことをあえて語る。「実はこういう部分もあるんですよ」というニュアンスで。

逆におとなしくて地味な印象の人が、リーダーとしての経験を生き生きと語れば、信頼性の高いリーダー像をアピールできる。

裏技⑧の例　見た目がおとなしそうな学生の場合

一度決めたら貫く力が私にはあります。中学校で始めた卓球がその背景にあります。練習をすれば実力がつき、勝てなかった相手に勝てることと、負けたときの悔しさが継続的に練習する要因となりました。大学でのゼミ活動においても、みんなの学びになることについては周りとの摩擦を恐れず主張し、己を貫いてきました。社会に出てからも、何が大事かを常に議論しながらも己を貫いていきたいです。

見た目で判断される印象を踏まえたうえで、ギャップを狙ったアピールポイントを語ろう

裏技⑧の例　見た目がスポーツマンな学生の場合

私はピアノが弾けるキン肉マンです。中学と高校ではサッカーを、大学ではアメフトをやってきました。仲間と一緒に勝利に向けて挑戦する喜びと、己の成長に私はどん欲です。アメフト部では入学時から15キロ以上体重を増やしました。また、幼少期に母の影響で始めたピアノを現在も続けています。理想の演奏に向けて練習する時間も自分にとって非常に大切な時間です。

見た目の体育会系な印象だけでなく、文化系の側面からも愚直に努力する人だとアピールできている

自己ＰＲ裏技⑨　親友アピール作戦

親友の素晴らしさを、自己ＰＲとして伝えるというのも、実は有効な手だ。

「自分は親友たちに支えられてきました。お互いに刺激を与え合い、支え合ってきました」から入り、いかに素晴らしい親友なのか、その親友とどんな関係を築けているのかを語る。

自分のことを誇張してアピールするのはしんどいが、親友のアピールだったら、遠慮することはない。いかに素晴らしい人であるかを、思う存分語るがいい。

面接官は思うだろう。「だったら、その親友を採用したい」と。

だからこそ、自分から語るべきだ。

「仕事は自分１人の力でやるものではないと思っている。このような素晴らしい仲間との絆を数多く築けた自分は、仕事においても多くの素晴らしい仲間との絆を築き、力を結集し、大活躍できると信じている」と、暗に伝えるのだ。

もちろん、きみがどんな刺激を与え、どのように支えてきたのか、あるいは、きみ自身の活動を尋ねられることは避けられないだろう。その場合も、個人の活動であっても「１人でできたなどとは思っていない」と言ってしまうのだ。切り口としてはユニークだし、評価も高いはずだ。

裏技⑨の例　サークルで出会った仲間

最高の仲間と最高の舞台を作るために、私は大学時代にダンスサークルの仲間と年1回行われる定期講演会に向けて努力し続けました。ダンスへの熱量があり、互いを思いやれる最高の仲間に支えられ、切磋琢磨しながら準備をしました。当日は300人以上の方が見に来てくれ、感動の場を作ることができました。これは私一人の力では決して成しえなかった経験です。

良い仲間に囲まれてきたことと、その中で自分が貢献できる人間だということがアピールできている

裏技⑨の例　仲間の期待に応えられなかった経験

大学祭実行員として、企業からの協賛金を集める活動をしていましたが、順調ではなく暗い空気が流れていました。そんな中、リーダーは打開策の議論を引っ張り、営業を続けられるよう尽力してくれました。しかし、結果的に目標達成とはいきませんでした。打ち上げの時にリーダーから労いの言葉をかけられ、悔し涙が止まりませんでした。これからは仲間や組織の期待に応えられる存在になり、いずれは自らリーダーとして周りを引っ張りたいです。

失敗に終わったとしても、良い仲間と一緒にがんばったこと、これからもがんばりたいと思っていることはアピールになる

自己PR裏技⑩　すっかりその気の問題提起作戦

「問題意識の塊」としての自分をアピールする方法。

受ける会社について、今の学生について、大学について、社会の問題について。

しかし、ただ周囲を批判するのではなく、問題意識の刃は自分にも向けられていなければならない。

面接官は非常に気になる。「ではきみは、自分自身に対し、どんな問題意識を持っているのか」と。

当然、自分自身に対する問題意識を明確にしておくべきである。

また、一般的に問題意識の高い人は、キャパが小さい傾向にある。だからこそ、自分がいかにキャパの大きい人物であるかを、雰囲気で伝えられるかどうかも重要な要素になる。特にユーモアがある人はキャパが大きいという印象を与えられるだろう。

裏技⑩の例　組織の問題に取り組んできた経験

組織の中で困っている人を放っておけないことが私の特徴です。中学時代に転校した先の学校で孤立を感じたのがきっかけとなっています。大学のサークルやアルバイト先で、一人でいる時間が多い人には積極的に声をかける習慣が私にはあります。社会人になってからも、孤独を感じる人を減らし、組織がまとまるようにサポートをしたいです。

組織が抱える問題点に対して
行動を起こしてきたことがわかる。
具体的な経験が入っていて、人柄が理解しやすい

裏技⑩の例　都心と地方の情報格差問題

地域間の情報格差を何とかしたいです。私は地方出身で大学から東京に住んでいます。入学時は自分が育ってきた環境と異なることが多く、周りの人の考え方やあたりまえが違うことにも戸惑いました。アルバイトやインターンなどを通して、実家の周辺とは比べ物にならないほど触れられる情報や、機会に差があることを認識しました。私は社会人としてこの課題に向き合いたいです。

過去の経験を、自分が向き合いたい課題につなげている。
こうすると志望動機の説得力も高まる

Column

面接で話す「自己PR」についてのQ&A

Q 最初に話していいのはどれくらいの長さか

A 面接の最初に聞かれる「自己PR」や「学生時代にがんばったことは何ですか」に、どれくらいの長さで答えればいいかわからないという質問をよく受ける。

1分以内を目安にしよう。文字数にして300文字程度である。

いろいろなことを面接官にアピールしたいと、1分間は短く感じるかもしれない。

しかし、面接官にとっては意外と長く感じる時間だ。一方通行のコミュニケーションにしてはいけない。その後に続く、会話のキャッチボールを大切にしよう。何事もコンパクトかつインパクトだ。

Q 自己紹介、自己PR、学生時代にがんばったことの違いは何か

A **厳密な違いはない。**

しかし、この中の2つ以上を面接で聞かれるケースがあるので、その場合は使い分けたい。

参考までに、使い分けの例を紹介しよう。

□自己紹介

大学名、名前、大学時代のダイジェストを話す。勉強やアルバイト、サークルで特に力を入れたことなど。面接官に興味を持ってほしい、いくつかのエピソードを一言ずつ披露する。

□自己PR

大学以前からの自分のエピソードを含めて、自分をPRする。「○○な価値観を大切に生きてきた。なぜなら……」と、ご家族の考え方、高校までの部活で学んだこと、友人関係など、きみがその価値観を形成するに至った背景を説明する。「○○なことが得意です、なぜなら……」と能力をアピールするときも同じ。その能力が育まれた背景を語る。

□学生時代にがんばったこと

大学時代のエピソードを話す。事実だけでなく、なぜそれをやろうと思ったのか、どんなところに特に注力したのかが伝わるように語ることが大切だ。アピールしたい能力を伝えることも忘れずに。

Q 集団面接でほかの人が長く話していると自分も話したくなるが、それはどうなのか

A 短く話すべきだ。

集団面接では、最初に回答をする人がペースを作る。その人が長く話すと次の人も同じくらいの長さで話す傾向にある。「ほかの人が長く話していたから、自分も同じくらい長く話してアピールしたいと思った」「ほ

かの人が長く話していたので自分が短く話すと『やる気がない』と評価されてしまうのではないか」と相談を受ける。

「まったく気にすることはない」と言いたい。

面接官の立場からすると**「短く、簡潔に、要点を伝えてくれる学生」**を優秀と感じる。

採用担当者に聞くと「言葉が悪いですが、時間内に大量の学生をさばかなければいけない。そのため、自分をアピールするためにダラダラ話す学生がいると正直いい気分がしないです」とのこと。

周囲が自分のことでいっぱいいっぱいになっているときこそ、きみは面接官の立場に立って、短く、簡潔に、要点をまとめ、良い印象を残そう。

Q 集団面接でほかの人がすごい実績を持っていた。自分は落ちてしまうのか

A 関係ない。**まったく気にせずに自分の話をすればいい。**

「集団面接のほかの学生が高学歴で、それだけで気負ってしまいました」

「自分の前に話していた学生が、起業経験の話をしていて、明らかにすごかった。その直後に自分が話すと、みじめな気持ちになってしまいました。絶対に落ちたと思います」

このような話を本当によく聞く。

面接官は人事から「2人に1人は通してください」などと言われている。その意味では競争相手のレベルが高いと「落ちた」と凹む気持ちはわかる。しかし、ほとんどの場合、「その日に面接した学生」全体の中でふるい

にかける。

つまり、たまたまレベルの高い学生と当たってしまったからといって、ほかの回に面接に来ている学生にも負けたという話ではないことを知っておこう。

Q 弱みを話すのが怖い。どうしたらいいか

A 自分を良く見せようとしない。大きく見せようとしない。悟られたくない恥部や知られたくない事実などを隠さない。

面接の場で虚勢を張らない。自画自賛しない。客観的に自分を見つめ、今後の成長への決意を伝えるのだ。

虚勢はばれる。誠実さを感じない。そもそも自画自賛は幼い。品がないのだ。

等身大の自分。決意があるからこその余裕と謙虚さがちょうどいい。

隠すことにメリットがないことに気づこう。隠す必要がないと思える境地に立っていることが大切。大きく見せようとすればするほど、小さい、幼い、自信がない、人間として未熟。

隠そうとすればするほど、バレバレになる。

自分の本当のウィークポイントを2つ、心底把握しておく。自分のウィークポイントを堂々と認められる自信にあふれた人として向かう。せこくならない程度に、謙虚に決意を語る。

自分のウィークポイントをどう思っていて、どのように改善しようと思っているのか、また実際そのためにどんなことを心がけ

ているのかなど、卑屈にならない程度に語るのだ。

Q しっかり会話はできているのに、なぜ面接で落ちるのか

A 会話ができても面接に落ちる人たちの共通点。それは、伝えたいことがないか、伝えられていないかだ。面接でのゴール設定に問題があることが多い。**本質的なゴールは、質問されたことに答えるのではなく、採用されることだ。**仮説でいいが、自分の採用価値（活躍する可能性）を理解しておく必要がある。それを会話の中でどう伝えるのか考えながら面接を受けるのだ。

Q 自分が何を話しているのかわからなくなる。どうしたらいいか

A **結論から述べること（結論ファースト）ができていない**場合が多い。

その理由は大きく2つある。1つ目は質問の意図を理解していないから。これについては『絶対内定2025　面接の質問』を参考にしてほしい。2つ目は大事な論点を明確にできていないからだ。例えば、学生時代にがんばったこと。**なぜ面接官がこれを聞くのかを考えたことはあるだろうか。**目の前の学生が何をどうがんばったのか、どう成果を出したのかを知り、採用するかどうかを決めている。相手の質問の意図を汲んでいれば、何をがんばったかという事実を語るだけでは足りないとわかるはずだ。

Chapter 4

「中身」対策

志望動機

最終面接では、
いちばんに志望動機を聞かれる。
その業界や企業で働く覚悟があるのか、
心から挑戦したいと思っているのかを確認するためだ。
この章では最終面接で面接官(役員)に志望動機を
掘り下げられても回答できるよう、考えるべきこと、
調べておくべきことをまとめた。
面接が始まる前に、そして最終面接前に再度読んでほしい。

志望動機作成の4ステップ

近年、面接で最も重視されているのが、志望動機だ。

最終面接では志望動機をしっかり聞いてくる企業がほとんど。それまでの面接とは異なり、最終的に「当社に本当にくる気持ちがあるのか」を面接で問われるからだ。

志望動機は、次の4つから作成するといい。

1. 社会に与えたい影響

社会のどの部分に対し（誰のために、何のために）、働きたいと思っているのか。

2. 価値観・コア

そのように思うのはなぜか。今までの人生経験から、なぜその思いが生まれたのか。

3. PR・強み

それを「自分にはできる」と思う理由は何か。どんな「強み」や「経験」をもって、志望企業に貢献できると思っているのだろうか。

4. その企業でやりたいこと

具体的に挑戦したいことは何か。どんな企業で、どんな部署で、どんな職種で、どんな仕事で、その思いをかなえようと思っているのだろうか。

志望動機の作成方法

1. 社会に与えたい影響

挑戦したいことは何か？

▼

2. 価値観・コア

それをやりたい理由と思い

▼

3. PR・強み

それができると思っている理由

▼

4. その企業でやりたいこと

やりたい仕事、部署

志望動機で聞かれる「企業選びの軸」

「企業選びの軸は何か」

志望動機を考えるとき、まずこれを明確にする。

面接官も、まずこれを確認する。

「しっかりと意志を持って就職活動をしている人」なのか。それとも、その場しのぎの就活生なのか。「即席志望動機」を作り、とりあえず企業を受けている人なのか。

「企業選びの軸」は、どうすれば見えてくるか。

まずは、「社会に与えたい影響（Giving）」を明確にすることだ。

言い換えるなら、きみが、「誰のために」「何のために」今回の人生を使おうとしているのか。

それを明確にするのだ。

例えば**「人の心を動かす仕事がしたい」**と考えている人の志望企業はどうなるか。

広告、テレビ、ネット業界などが候補に挙がるだろう。

「広告の力で、人に感動を提供したい」

「テレビ番組で、人を元気にしたい」

「新しいネットサービスを通して、人の日常を明るくしたい」

手段は違うが、すべて「人の心を動かす」仕事だ。


もう1つ例を挙げよう。

「世界の格差をなくしたい」という思いを持っている人。

ゼネコン、インフラ、メーカーなどが志望企業になるだろう。

「途上国に、道や建物をつくり、経済成長の一助としたい」

「水や電気を安定させ、その国の安定成長に寄与したい」

「現地に工場をつくり、雇用を生み出したい」

先ほどと同様に、手段は違うが、どの業界に行っても思いはかなうだろう。

この軸は、志望動機の話の出だしに使える。

「『人の心を動かしたい』というのが私の夢です」という具合に。

「企業選びの軸」が生まれた背景を、どのように伝えるか

社会に与えたい影響は、いつ頃から育まれたものなのか。それがわかると、軸に説得力が加わる。

僕の経験上、３つの環境から出てくることが多い。

1．家庭環境

豊かな家庭で生まれたのか。それとも貧しい環境だったのか。
厳しい家だったのか。甘やかされたのか。

2．地域環境

都会で育ったのか、田舎で育ったのか。海外にいたことはあったのか。
どんな人たちと時間を過ごしたのか。豊かな地域か、そうでない地域か。

3．教育環境

学校の校風はどうだったか。共学か、男子校か、女子校か。
ノビノビと育てられたか、厳しかったか。

環境をもとに志望業界を見出した我究館生の具体例を挙げよう。

温泉地で生まれ育ったKさん　地域環境

Kさんの生まれ育った街は温泉地だった。幼少期はとても栄えていた。しかし、月日が経つにつれ、競合となる観光地が増え、Kさんの街は閑古鳥が鳴いてしまった。友人の家の旅館がつぶれるなど街全体が活気を失ってしまった。「空間が力をなくすと、そこにいる人まで元気を失ってしまう」と幼心にいつも感じていた。このことからKさんは**「空間を通して人を元気にする」という軸**をもとに就職活動を行った。そのため、志望業界は、デベロッパーや空間デザイン、アミューズメントパークなどになった。

多国籍の学生寮で過ごしたYくん　教育環境

大学時代を、地方の大学で過ごしたYくん。留学生が多く通う大学だった。大学には寮があり、ほとんどの留学生はそこで過ごしていた。入学以来、その寮で30を超える国から来た２００人以上の学生と毎日のように語り合った。価値観の違いから衝突することもあったが、彼らと心を通わせながらさまざまなことに挑戦した大学生活は、何よりも楽しい時間だった。Yくんはこの経験から**「世界中の人と心を通わせ、価値を創造したい」という軸**を持った。志望業界は、商社、エネルギー、メーカーなどになった。

「企業選びの軸」をもとに、一貫性のある企業を志望する

軸をもとにして、志望企業を決めることができているだろうか。どこか特定の企業でなければ実現しない夢など存在しない。夢が実現できる業界や企業は必ず複数ある。それを見つけるのだ。そして、それらの企業をなぜ志望しているのか。どんなことをしている企業だから、志望しているのか。「軸」と「それが生まれた背景」と「志望企業」を一本の線でつないでいくのだ。

具体的な部署や仕事、職種を語ってもいいが、もっと抽象的なことでも構わない。「〇〇な製品を提供しているから」「〇〇地域に貢献しているから」「〇〇な価値を生み出しているから」など。当然、軸に使われた言葉と近いものになるだろう。

これを読んでいるきみは、軸は明確だろうか。それが曖昧なままでは、企業は選べない。当然、志望動機を自信を持って語ることなどできない。不安が残る人は、勇気を出して我究に戻ろう。（『絶対内定2025　自己分析とキャリアデザインの描き方』のワークシートに挑戦してみよう）

企業選びの軸を明確にして、業界を絞る

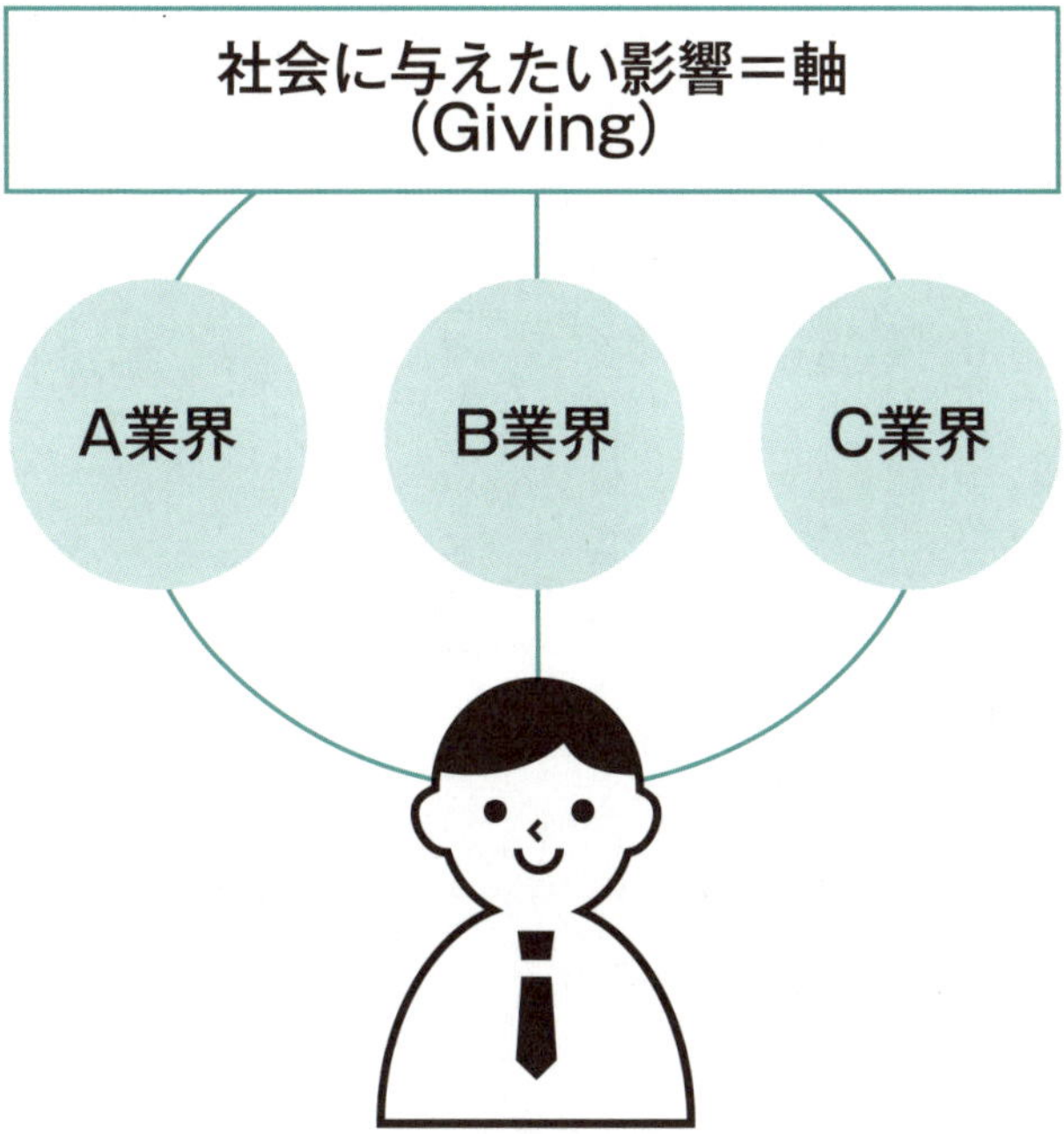

夢が実現できる業界や企業はいくつかある。
それを見つけよう

ビジネスモデル図で、求められる「能力」と「人間性」を理解する

志望動機の具体性を高めるために必要なこと。

それは、最初に「その企業でどんな仕事がしたいのか」をイメージすることだ。

そのためには、ビジネスモデルを理解する必要がある。そのためにビジネスモデル図を作ろう。

左図は、個人向けの商品を製造する、BtoCの完成品メーカーのビジネスモデル図だ。たった2つのステップだ。

1. 中心に志望企業を置く

2. 周囲に関係企業を書いていく（「部品メーカー」「顧客（法人）」「販売店」など）

実際にはもっと多くの関係者がいるが、最初はこれくらいのほうが、わかりやすいだろう。

この図の中で、きみはどの部分の仕事に携わりたいのか。

今回の場合であれば「調達」「営業」「企画・開発」のどれか。

仕事内容や、仕事相手、扱う商品やサービスが、この図からイメージできる。

完成品メーカーのビジネスモデル図

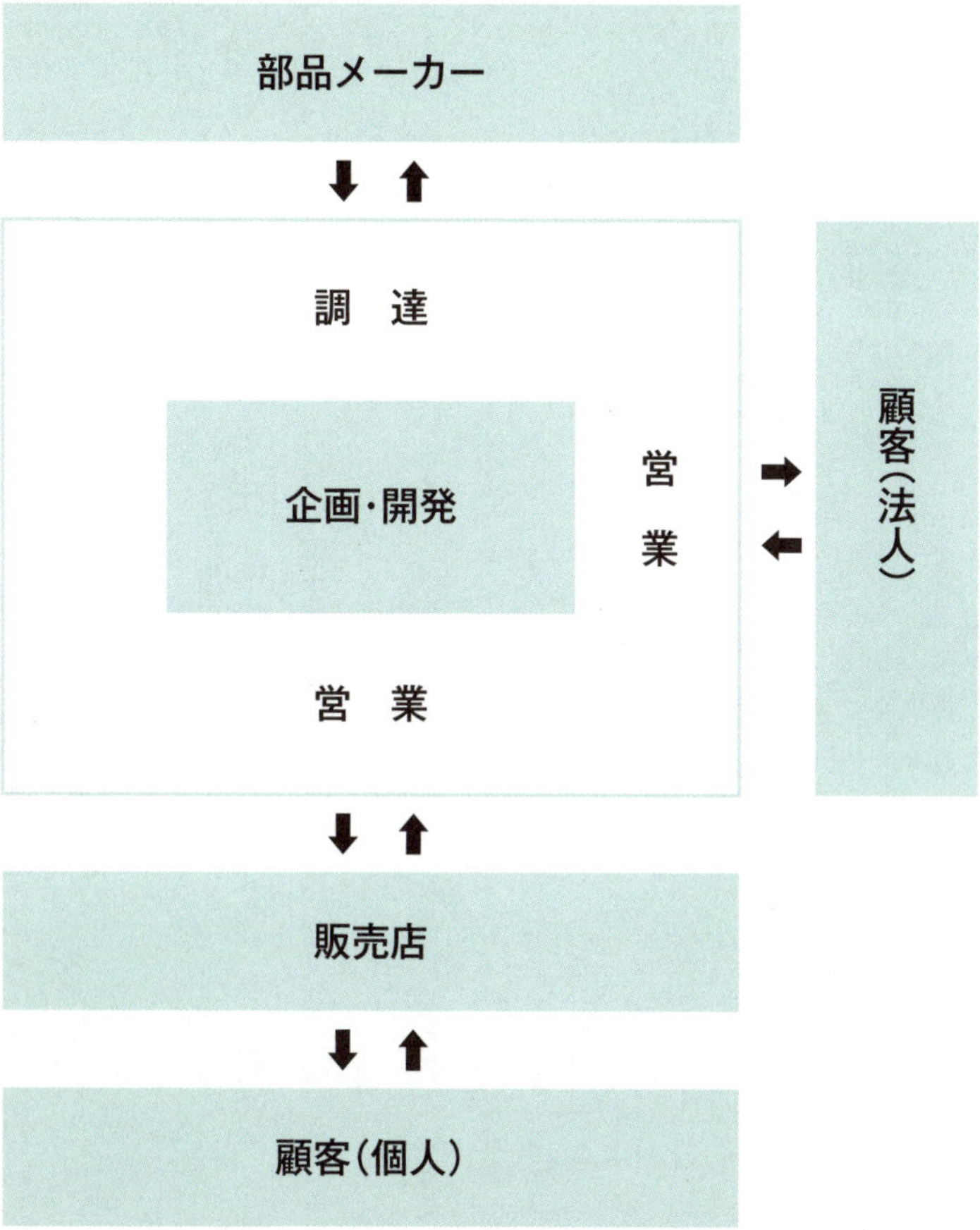

まずは、ビジネスモデル図を作成し、「誰と」「どんなことをして」その会社のビジネスは成立しているのかを把握する。そうすることで、自分の何をアピールするべきかがわかる。

□ビジネスモデルを見れば、必要な人材が見えてくる

業界や会社によって、ビジネスモデル（収益を上げる仕組み）が違う。扱う商品も、取引相手（仕事のパートナー）もまったく違う。必然的に、必要な能力も感性も微妙に違ってくる。

□その会社の「仕事相手」を把握する。「仕事相手」のタイプを把握する

その会社はどんな人を「仕事相手」としているのか。「仕事相手」に好かれる雰囲気の人になるには何をするべきか。何をすることで誰からお金を得るのか。誰と仕事をしているのか。誰に評価される必要があるのか。

政府の要人とスーパーの店長とではタイプが違う。

企業経営者と小中学校の先生でもタイプが違う。

同じ経営者でも業種によって違うし、大企業と中小企業でもまるで違う。

きみが志望する企業の仕事相手のタイプを正確に把握することで、きみがアピールすべき「能力」や「人間性」が明確になるのだ。

学生に求められる雰囲気はその会社の「仕事相手」によって決まる！

きみが行きたい会社	取引先、顧客、パートナー
投資銀行	● 大手企業の財務部や経営陣 ● 官僚 ● 弁護士などのスペシャリスト
総合商社	● 外国政府・日本政府 ● メーカーの経営企画部、営業部 ● 経営陣
戦略系コンサル	● 経営陣、経営者
広告	● メーカーの宣伝部 ● 自治体
旅行会社	● 企業や学校などの総務部 ● 個人
食品メーカー	● スーパーの店長、卸売業者

↑ この人たちに好かれる雰囲気の人を、会社は採用する

きみは志望企業の「価値観」や「雰囲気」に合っているか

相手の価値観・雰囲気と自分の価値観・雰囲気に自分を合わせるのだ。
具体的には、次のとおり。

キーワード①「社風」
志望企業はどのような社風の会社か、きみはその社風に合った人物なのか。

キーワード②「ビジョンとコア」
志望企業の社員はどんなビジョンやコアを持っている人たちで、きみはどんなビジョンやコアを持っている人物なのか。

キーワード③「センス」
志望企業の社員はどんな趣味を持ちどの程度のセンスのある人たちで、きみはどんな趣味を持ちどの程度のセンスのある人物なのか。

キーワード④「保守性（コンサバティブ）」
志望企業はどの程度保守的な人たちの会社で、きみはどの程度保守的な人物なのか。

受ける会社の価値観・雰囲気と自分の価値観・雰囲気が合っていないと内定しない。だから上手に合わせるのだ。価値観や雰囲気は、顔つき、しゃべり方、ファッションにも、これまでの生き方にも、ビジョンにも表れる。

次のようなことからも、志望企業の「価値観」や「雰囲気」が見えてくる。社会人訪問などを通して、さりげなく確認しておこう。

- □**小・中・高・大学などの選び方**
- □**学部・ゼミ・サークルの選び方**
- □**アルバイトや趣味、遊びの選び方**
- □**スーツ・ネクタイ・靴・時計など服装のセンス**
- □**髪型やメイク**
- □**言葉づかいやしゃべり方**
- □**立ち居振る舞い**
- □**顔つき、笑い方、不安なときの表情**
- □**ビジョン、夢**
- □**「自分と合う人」の幅の広さ**

その会社の価値観は、きみの望む会社の価値観と合っているか

その会社の価値観は、きみの価値観と合っているか。

□どの程度革新的か、どの程度保守的か（伝統や格式をどの程度尊重する人か）
□儲け至上主義か、公益とのバランス追求か
□儲け至上主義か、モラルとのバランス主義か
□ハイリスクハイリターン型か、信用第一のローリスクローリターン型か

志望する会社がどういう価値観の会社なのか、しっかり研究することだ。
社会人訪問や会社説明会で感じ取ろう。

今の自分が「志望企業に雰囲気が合っていない」と感じたら

例えば上品さが足りないと感じたら、

- □**服装や髪型、しゃべり方や立ち居振る舞い、表情を徹底的に変えて、上品な人物を演出する。靴や時計を変えよう。また、目つきや、ムッとしたときの表情はボロが出やすい。徹底的なトレーニングが必要だ**
- □**新しい趣味を追加し、ESにさりげなく記入する**
- □**あるべき価値観で、ESの各項目を書き直す**
- □**あるべき価値観で、面接でしゃべる内容を修正する**

などの対策を行おう。

「自分をさらけ出す」ことではなく、相手と雰囲気や価値観を「合わせる」

きみのコア（価値観）と会社のコア（価値観）を合わせること。100%合っていなくても、合っている部分を前に出していくことだ。

価値観が合っていなければ内定はありえない。

同じ業界の中でも、企業によって雰囲気は大きく違う。三菱商事と伊藤忠商事は同じ総合商社だが、企業風土は大きく異なる。内定者の雰囲気も異なる。その企業に合っている学生が内定するのだ。

類は友を呼ぶという言葉があるように、人は自分と似た雰囲気や価値観を持っている人と一緒にいたいもの。きみは志望する企業と合っているだろうか。

合っていなければ、その会社は、本当はきみには合っていない。入社しないほうがいい。

Column

面接で話す「志望動機」についてのQ&A

Q 「他社はどこを受けていますか?」にどう答えるべきか

A 基本的には、**正直に受けている企業を答えればいい。**

しかし、要注意な人がいる。

「企業選びの軸」がない人だ。

この質問はそもそも、軸を持って就職活動をしているかの確認となっている。

回答される企業群を聞いて、自社や業界への志望度を確認している。

もしきみが受けている企業群が軸に沿った一貫性を持たないのであれば要注意だ。まずは「そもそも一貫性がない就活をしていていいのか」という大前提を問い直したい。

その上で「〇〇ということを軸に就職活動をしているので、△△社や××社を受けています」と一貫性のある企業名を言おう。

Q 志望動機は、どこまで具体的に語るべきか

A 可能な限り具体的に。ただし、面接官の反応を見ながら語る。

志望動機は「世界の中で日本のプレゼンスを高めていきたい」「ビジネスを通して世界の格差解消に貢献したい」など、大きなテーマで語りはじめ、「御社のプラント事業で……」「御社の非資源部門で……」といったように、具体的な話に移行していく。

ここまでは誰もが具体的に語れるといいだろう。

さらに「〇〇なことに挑戦したい」「××な企画を考えているのでやらせてほしい」ということまで語りたいという人がいる。これはとてもいいことだし、これくらいの気概を持って就職活動をしているほうが絶対にいい。

しかし、いろいろな大人がいるという現実も知ること。「配属リスクって知っている？」「きみのために組織があるわけではない」といった考えから、やりたいことが具体的な学生を嫌う大人もごく一部いる。

そのため、「相手の反応をしっかりと見ながら」相手が聞きたがっているのはどの程度の具体性なのかを感じながら語るようにしよう。

Chapter 5

最終突破のために必ず乗り越えるべきカベ

最終面接を突破するためにカベとなるものがいくつかある。
ここから僕が説明することに１つでも該当する人は、
アドバイスをもとに、自分なりに対策を考えてみよう。
きみからすると耳の痛い話もあるかもしれないが、
最終面接までがんばったきみが、最後の最後で、
詰めの甘さでつまずかないように、いくつかのアドバイスを伝えよう。

スペックについて

学歴が低いのは不利か

残念ながら、不利だ。厳しい現実だが、きみに向き合ってもらうためにも断言しよう。

人気企業の内定者の学歴は、多くが有名大学。東大、京大などの旧帝大や早慶出身者が8割以上を占める企業も珍しくない。もし、きみがそれらに当てはまる大学ではない場合は、対策が必要だ。最終面接では、ライバルとなる学生のほとんどが、きみよりも学歴が高い。相対的にきみは、不利な状況から面接をスタートすることになる。

大学名だけではない、学部名によっても評価が異なる。「早稲田の政経」のように、各大学にある上位学部とそうでない学部では扱いが違う。また、文学部や教育学部といった「ビジネスと関連性がない」ように感じられる学部は、不利に働く可能性がある。

面接官はきみのスペックから弱点を想像する。「勉強が嫌いなタイプではないか」「頭のキレが足りないのではないか」「ビジネスに興味がないのではないか」など。

そのイメージを裏切ろう。弱点が思い過ごしであると感じさせよう。筆記試験で高得点を取るために、日々勉強する。面接で話す中身と見た目の両方で、万全の対策をとること。

そして、学校の成績やTOEIC®スコア、趣味欄などで、さりげなくアピールするのだ。

受ける前から、きみの「評価」は決まっている

面接は、面接官にとって「評価を確認する場」であり、学生からすると「誤解を解く場」である。学歴だけの話ではない。書類に書かれている「資格」や「趣味」、「自己ＰＲ」欄のエピソードを読み、面接官はきみをどう評価しているだろうか。

どんな**ネガティブな誤解**を与えているだろうか。それを覆したり、誤解だと気づかせたりするには、どんな受け答えをすればいいのだろうか。どんな話が有効だろうか。

□自分の「ＥＳから推測できるウィークポイント」を把握する

□それらを払拭させるための「切り返しトーク」を用意しておく

弱点とは「自分の中で弱いところ」のことではない。

「学生トップクラスのピカピカのできる人と比べて、劣るポイント」のことである。

そういう目線で、正面からシビアに、自分を客観視することだ。

また、弱点があったらいけないとは限らない。

最低限、弱点に気づいていることに価値があることも忘れてはならない。

それを克服するために、今時点で努力していることを伝える。現在進行形で成長している自分の可能性を、面接官に感じさせるのだ。

「頭の良さ」を、面接官にどのように感じさせるか

学生時代と違い、ある程度頭がよくないと、企業や社会に対して、影響力は持ちにくい。
そのため、面接ではさまざまな方法で、学生の「頭の良さ」を確認してくる。

頭の良さとは、次の6つを指す。
面接中に、これらが備わっていることを伝えなければならない。

1．論理的思考力

話している中身の「ロジック」は通っているか。思いつきで話してはいないか

2．目的自体から見直し再考し提案できる、ダイナミックな発想力・コンセプト創造力

話すエピソードから、「前提」を疑う力や、そもそもの「目的」を再考する力があるように感じさせられているか

3．改善のためのアイデアの提案力

話すエピソードから、提案力を感じさせられているか

4．誤解なく的確に言いたいことを伝えるスキル

弱点や挫折体験など、伝え方を間違えると後ろ向きに聞こえることを、しっかりと前向きな話として伝えているか。前向きな話だと、面接官に思ってもらえているか

5．人の心に響かせるセンス

話すエピソードの「喜怒哀楽」を、面接官にも想像してもらえるよう、少なくとも共感してもらえるような、「説明する力」を持っているか

6．少ない情報から本質を捉える、察しの良さ

質問の意図を汲み取り、それを押さえた上で語れているか

実際にその企業の内定者と比べて自分の学歴が低い人は、特にこれらの点を意識して面接に臨もう。

社会で求められる頭の良さは、学校名とは関係ないことを感じさせよう。

「（学校名に関係なく）自分は十分に頭の良い人間である」ことを面接で示すのだ。

TOEIC®のスコアがない人はどうすればいいか

もし、この本を読んでいる時点で、ES提出の締め切りに間に合うTOEIC®テストがあれば、真っ先に申し込もう。そして、その日まで全力で勉強に取り組むことをおすすめする。

あるいは、すでに面接の直前で、どうすることもできない場合は、「なぜスコアがないのか」「これからどうするつもりなのか」を説明できるようにしておくこと。かなりの確率で面接官は聞いてくるはずだ。

近年、学生のTOEIC®スコアが上がってきている。難関企業だと700点では通用しない。少子高齢化、中国・インドをはじめとするアジア市場の巨大化の中、企業は世界を向いている。国内マーケットも重要だが、世界を見ていない企業はほぼ皆無だ。

上位総合商社、大手メーカー、電博などの内定者の多くはTOEIC®860点以上だ。

ちなみに、韓国の巨大企業サムスンの足切りは900点。日本企業も世界市場で生き残るために、より高いスコアが求められるだろう。

もはや英語力云々の話ではなく、**時代を読めているか**どうかである。その人の感度の高さや**人生**

各業界大手の内定者のTOEIC®スコアと入社後の評価

商社	■三菱商事など「英語力不問」を謳っている会社もあるが、各社、確実にスコアを見ている ■運動部での活躍経験がある人や証券アナリスト・簿記など難易度の高い資格取得者などを除いては、コネ以外の内定者は、ほぼ800点以上のスコアを持っている。旧財閥系は内定者の半数が860点以上と思われる ■駐在員の資格は860点以上と設定されている会社もある	◎
コンサルティング	■戦略系コンサルティング会社は、運動部などを除き、内定者のほぼ全員が800点以上のスコア ■一部の会社では採用試験において英語面接が課され、900点台も少なくない ■マッキンゼーでは、入社後3年で留学を勧められるため、入社前にある程度以上の英語力をつけておく必要がある	◎
外資金融	■運動部出身でリテール部門のごく一部を除き、内定時に英語が苦手な人はいない ■採用試験にて英語面接が課されることも多く、内定段階でもほぼ全員が800点以上のスコアを持っている ■留学経験者も多数いて、900点台の人も多い	◎
広告	■一時期ほど内定者の帰国子女率は高くないが、電通・博報堂のコネ以外の内定者は、運動部などで活躍している人を除き、おおむね700点台後半以上のスコアを持っている	○
メーカー	■運動部などを除き、幹部候補として採用される内定者のほぼ全員が800点以上のスコアを持っている ■海外営業などを視野に入れている人材のほとんどが860点以上 ■入社後もスコアが低い社員は、評価が下がる会社が多い	○
大手国内金融	■内定段階でも、運動部などを除き、幹部候補採用のほぼ全員が700点台後半以上のスコア ■一部メガバンクでは全総合職行員に800点以上を目指すように求めている	△

（我究館 調査分析）

に対する真剣さが問われているのだ。

各企業は、また、最低でも入社時には「英語ができる人」になっておくことが大切だ（大企業の場合）。

内定時および入社時のスペック・能力・資質で、その人の中長期的な活躍をイメージし、およそのキャリアパスを設定し、そのためにベストの配属をする。多くの場合、それが現実だ。

最初に与えてしまった「印象」をひっくり返すことや、「設定されたキャリアパス」を変更させることは、多くの場合、容易ではない。

数年後にハイスコアを獲得したとしても、入社時の「印象」や入社時の「配属先」と「設定されたキャリアパス」が覆ることは、まずないといっていいだろう。

すなわち、**入社時に英語スコアが低いと、転職しない限り、社内での挽回は難しい**のだ。

だからこそ、ぜひとも内定式までに、どんなに遅くとも入社までには「英語ができる人」になっておくべきなのだ。「〇〇さんは英語ができない人」というレッテルを貼られてしまわないように。

なお、例外的にＴＯＥＩＣ® テストのスコアが求められない人は、次のとおりだ。

- □ **運動部で突出した実績のある「国内営業職」志望の人**
- □ **高いレベルの資格（アナリスト、簿記１級など）を持つ「財務などの専門職」志望の人**
- □ **理系の突出した研究実績がある人**

TOEIC®スコアによる人物評価

900～	●帰国子女でなく留学経験もないにもかかわらず900点以上獲得している場合は、プロ意識が非常に高く、頭脳明晰。業務においてもクオリティの高い仕事をすると思われる ●近い将来、海外赴任や国際業務などグローバルな活躍が大いに期待されるレベル
860～890	●プロ意識が高い人であると評価される ●将来、海外赴任や国際業務などを担っていく可能性が十分に感じられるレベル
800～860	●詰めの甘さはあるかもしれないが、ある程度以上意識は高い ●今後の伸びによっては、将来、海外赴任や国際業務などを遂行していく可能性が感じられるレベル
730～800	●多少英語の勉強はしてきたが、とことん打ち込む意識の高さがあるかどうかはわからない ●海外赴任や国際業務を志す最低限のレベル。しかし、入社までか入社後に再度英語を学習する必要があるレベル
680～730	●最低限の英語力は持っているが、アピールにはならない ●このレベルでは海外赴任や国際業務を担っていく人材というイメージは持てない
600～680	●英語力はまだまだ。専門分野などに特に注力して成果を出している場合を除き、一般的にはこのスコアでは、向上心など意識が高いとは言えない ●受験で必須科目となっている英語がこのレベルということは、勉強系のタスクにおいて、努力不足という印象を与えてしまう
～600	●専門分野で成果を出している場合以外は、向上心など意識が低い人である可能性がある ●受験で必須科目となっている英語がこのレベルということは、勉強系のタスクが苦手な人材という印象を与えてしまう

（我究館 調査分析）

多浪など、年齢が人より高い人はどうすればいいか

今までの経験上、2浪までの学部卒は、面接で聞かれないように思う。

しかし**現役の学部卒プラス3以上の年齢**の人は、面接官が質問してくる可能性が高い。

年齢が上がるごとに給与が増える企業では、特にその傾向がある。同じ新卒なのに給料を多く払うわけなので、それに値する学生を採用したいのだ。

3浪以上の浪人経験のある人

なぜそこまで浪人しようと思ったのか。ただ怠けていたのか。それとも別の事情があったのか。ないしは、どうしても行きたい大学があったのか。なぜどうしても行きたかったのか。受かったのか。

さまざまな角度から質問されるので、あらかじめ答えを準備しておく必要がある。

1浪以上、かつ文系の院に進んだ人

何を学ぼうとしたのか。それは社会に出てから何に活かせるのか。モラトリアムの延長ではないのか。必ず聞かれると考えたほうがいい。

ちなみに、1浪と大学院進学が珍しくない理系では、そこまで聞かれない。

「就職留年」はどう説明するべきか

次の点を意識して、ごまかさずに説明しよう。

□なぜ就職留年をしたのか、自分なりの説明（敗因分析）
□その反省を活かして、どのような1年を送ったのか（失敗から学んだこと）
□1年前の自分と比べて、能力や人格はどのように変化したのか（成長）
□その結果、なぜきみは今年、その会社を受けているのか

これらをしっかりと言語化できている人は、我究館生の場合、次々と第一志望に内定している。

逆に、就職留年をした自分と向き合わずに「2年目だから、1年目よりも動き方などわかっている部分も多いからきっとうまくいく」などと思っている人は、2年目も失敗する。

大切なのは**失敗したときに、しっかりとそこから学びを得られる**かどうかだ。

留年自体はほめられたことではないかもしれないが、面接官は内心「この学生は留年して本当にしっかり成長できたのだな。よかったな」と感心していたりするものだ。

グローバル経験がないと不利か

不利である。と、あえて断言しておこう。すでにきみも知っているように日本はこれからゆるやかに、しかし、確実に小さな国になっていく。人口減少による経済の縮小が起こっている。

対照的に、成長を続けるアジア諸国をはじめとする新興国。残念ながら、世界における日本のプレゼンスも、ますます縮小するだろう。その中で、企業は成長を求めて海外進出を急いでいる。

だからこそ、企業は**海外で通用するであろう学生を、強く求めている**。

例えば、海外の大学への交換留学を通して、多様性の中でリーダーシップをとった経験がある学生。海外の現地法人でのインターンシップで、新規事業を立ち上げた経験がある学生などだ。

海外に一定期間滞在した経験がなくてもやれることはある。

TOEIC®のスコアで高得点を取ることや、国内の国際交流サークルで活躍し、多国籍の友人を持つこと。さらには彼らと一緒に何かに挑戦する。それだけでも、価値ある経験ができるだろう。

一方で、国内のスタートアップ企業の資金調達額はこの約10年で10倍になっている。少子高齢化など、世の中にあるさまざまな課題はビジネスチャンスになる。

特にテクノロジーの進化により今までできなかったことが加速度的に実現できるようになる。その数多くのチャンスを逃してはいけない。

押さえておくべき3つの指標

指標❶
日本の人口と人口ピラミッドの変化（予想）

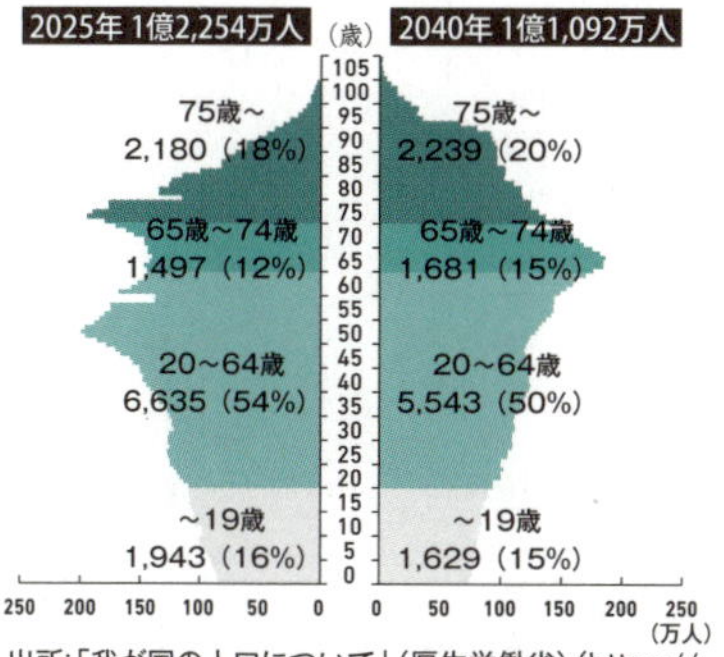

出所：「我が国の人口について」（厚生労働省）（https://www.mhlw.go.jp/stf/newpage_21481.html）より加工

指標❷
2050年のGDPランキング（予想）

順位	2016	2050
1	中国	中国
2	米国	インド
3	インド	米国
4	日本	インドネシア
5	ドイツ	ブラジル
6	ロシア	ロシア
7	ブラジル	メキシコ
8	インドネシア	日本
9	英国	ドイツ
10	フランス	英国

出所：PwC、「2050年の世界 長期的な経済展望：世界の経済秩序は2050年までにどう変化するのか？」より加工

指標❸　国内スタートアップ資金調達額

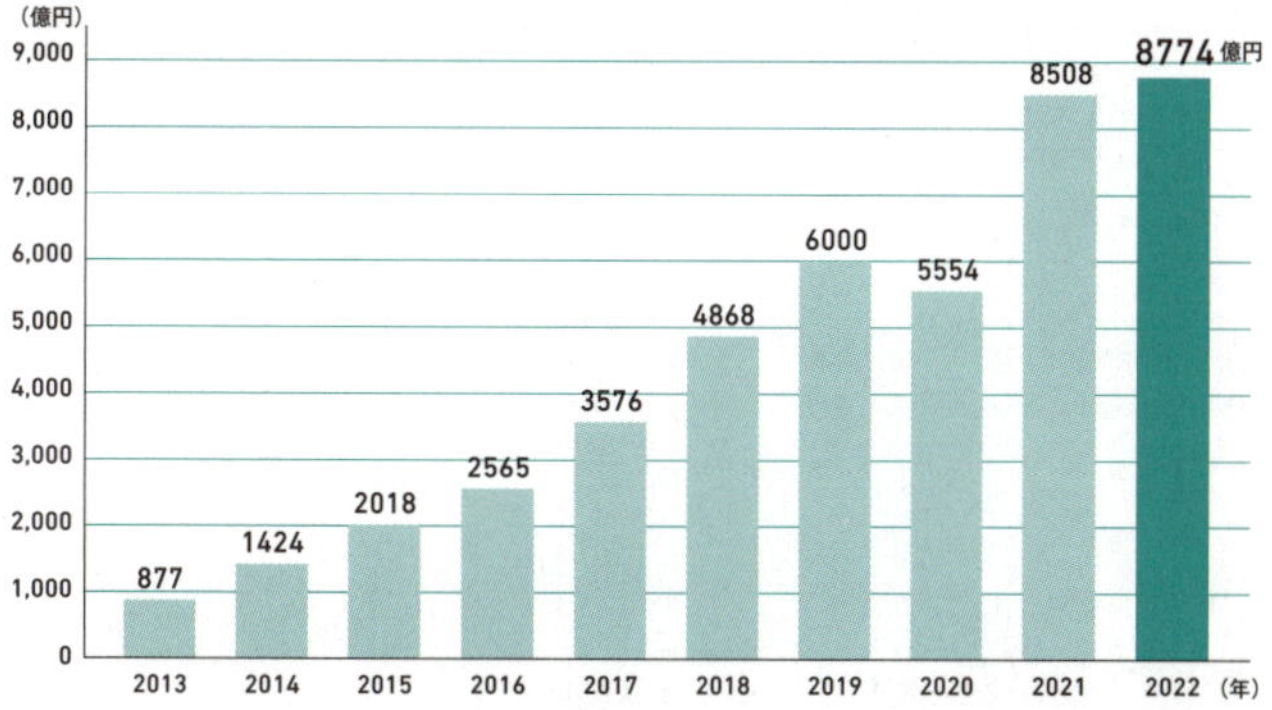

出所：INITIAL、「Japan Startup Finance 2022 ～国内スタートアップ資金調達動向～」より加工

話す内容について——ES、逆質問、「何かありますか」対策

ESに書いたことと同じことを面接で話してもいいか

同じ内容の話をするのが基本である。

ただし、書いてあることを暗記して音読するのではない。

「ESで書いたことを音読することになるのですが、これで大丈夫ですか」と、学生に聞かれることがある。もちろん、そのESに書いた内容によって書類選考に通過しているのだから、内容を変えるのはおかしい。

しかし、書かれていることを暗唱されただけでは、わざわざ面接に呼んだ意味がない。

ポイントは、文字数制限のあるESでは書き切れなかった**重要なポイントを補足しながら語る**。

例えば、自己PRで語った能力が育まれた「環境」についてや、志望動機に書けなかった社会人訪問で聞いて心に響いた言葉などについて語るのだ。面接官と出会い、面と向かってはじめて伝えられることがある。文字では伝え切れない、**微妙なニュアンスを相手に直接伝えるために面接はある**のだ。

「逆質問」では何を聞けばいいか

最近このスタイルの面接をする企業が増えている。

企業によっては、「逆質問」だけで面接をするところもあるほどだ。

理由は2つある。

1つ目は、**質問の内容を聞けば、その学生の志望度がわかる**からだ。

ネットで検索すればわかってしまうような質問をする学生であれば「その程度のことも調べていないのか」と判断され、落とされてしまう。質問の内容と本気度は相関するものだ。

2つ目は、**その学生の頭の良さがわかる**からだ。

世の中に溢れる自社のニュースや情報をどのように収集し、解釈し、どのようなところに疑問を持ったのか。質問の質によって、思考力が見えるのだ。

「よく調べてあるね」と感心してもらえるレベルまでしっかりと研究した上で、質問を準備しておきたい。

「最後に何かありますか?」で何を聞けばいいか

きみが面接で伝え切れなかった点を、**最後の最後にアピールできる瞬間**だ。

面接官が聞き出せなかった、きみの魅力をしっかりと伝えよう。

「本日の面接では○○な面をお伝えできなかったので、それについてお話ししてもよろしいでしょうか」と、断った上で、最後のアピールをする。

外見で誤解されることが多い人は、ここでイメージを刷新するのだ。

「よく体力がなさそう、などと言われるのですが、毎日10キロ走ることを日課にしています。この体力を活かして御社の営業として……」など、ネガティブな印象を覆す話をするのも、時として効果的だ。せっかくのチャンス、しっかり活かして結果につなげよう。

「媚びる」と「PRする」の違いとは何か

面接官に媚びない。気に入られようとしない。失敗しないようにと守りに入らない。

堂々とした雰囲気を最後まで貫く。気に入られたがっていると、きみの魅力がなくなる。

面接とは、採用とは、そういうものだ。

絶妙な距離感と対等な関係を作れるよう、心がけよう。

失敗しないようにしようとすると、小さくなる。

失敗しないようにしようとすると、魅力がなくなる。

スポーツと同じ。試合前はドキドキしても、グラウンドに立ったら、のびのびと全力でいけ。

帰りの電車に乗るまで、胸を張っていけ。

面接官に気に入られようとしないためにも、遠くにある**自分のビジョン**を意識することだ。

この会社に入れなくとも、いや入らなくとも逃げていかない、揺るぎのないビジョンを意識しよう。

そして、面接官には敬意を払い、礼儀を尽くすが、気に入られようとは一切しないことだ。

そういう**強いメンタリティーを持っていることが、内定の条件**なのだ。

「内定したい」「入社したい」という気持ちを前に出さない。
入社後の活躍にフォーカスする。**入社後の活躍への思い**を語る。

「とにかく早く就職活動のプレッシャーから解放されたい」「早く内定が欲しい」という気持ちはわかる。しかし、その気持ちが強過ぎると、逆にどんどん内定から遠ざかってしまう。

「内定したい」「その会社に入社したい」という気持ちが強過ぎると、誰もが媚びてしまう。どんどん小さな自分になってしまう。依存心が強く、自分に自信がない人、「面接官の顔色ばかりうかがう小者」という印象を与えてしまい、魅力がなくなる。

改めて、内定のための就職活動をしてはいけないことを意識してほしい。

あくまで内定は入り口であり、その先のビジョン、入社後の自分の活躍にフォーカスするのである。

内定しようがしまいが、仮にその会社に落ちたとしても、決してブレないビジョンを持った、1本筋の通った人間としての強さを、面接官にお見せするのである。

演じるべきか、素でいくべきか

素でいくべきだ。

ただし、誤解しないでほしいのは「何も考えなくていい」ということではないということ。「志望する企業が求めている人物像」をしっかりと把握した上で、「自分にはその能力があること」をしっかりと伝える。そのための工夫は必要だ。言葉選び、雰囲気、表情など、自分がその企業に入ってから活躍できる「予感」を、面接官に持ってもらわなければいけない。

しかし、面接を受けているきみが、「本来のきみ」と「まったく違うきみ」であることはよくない。その企業が求めている能力がないことに気づきながら、あたかも適性があるかのように振る舞うこと。会社や社員の雰囲気と合わないのに合うふりをすること。

そんなことをしても面接官には見破られる。万が一、内定したとしても、入社後にきみはミスマッチを感じて悩んでしまうことになる。場合によっては、すぐに会社を辞めることもある。

就職活動はその先にある、**社会人生活が輝いてはじめて成功**と言えるのではないか。

そのためにも、素でいこう。

選考に落とされて凹んでしまって面接に行くのが怖い。どうしたらいいか

敗因分析をすること。「なぜ落とされたのか」を自分の中で言語化する。

それが恐怖心をぬぐう最良の方法だ。

就職活動は気持ちが落ち込むことの連続だ。どんなに優秀な人も20社程度エントリーして、内定するのは1～2社だろう。つまり9割以上は落ちている。**同じことを話していても通ったり、落ちたりする。**

なのに、落とされることが続くと、自信がどんどんなくなっていく。話している内容はもちろん、自分自身にも自信がなくなり、面接自体も怖くなってしまうのだ。

そんなときこそ、敗因分析をする。そのためにも、Chapter 12の面接ライブノートを作っておこう。

少し苦しいだろうが、何より大切だ。入退室の雰囲気が原因か、自己PRの中身か、志望動機の詰めか、面接官の質問に対する受け答えでかみ合っていない部分はなかったか。思い当たる点はいくつかあるはず。それらを分析する。そして、次回の面接に活かす。これを繰り返し、ある一定の期間を過ぎると、面接に落ちなくなる。落とされる要素をすべて排除できた状態になるからだ。

圧迫面接で面接官にムッとしてしまった。どうすればいいか

圧迫面接は、わざとやっている。

きみのためにわざわざそんな芝居をしてくれることに感謝の気持ちを持とう。

面接官もお疲れだから、中にはストレス発散もかねてやっているケースもあるかもしれない。しかし、基本的にはわざわざ疲れるようなことはやりたくない。志望者の対人ストレス耐性や、プレッシャー下でのとっさの切り返し、臨機応変に対応できる力を見たいからやってくれているのである。

圧迫面接だからといってビビる必要は微塵もない。しかし、あまりにも冷静でひょうひょうとしていたら、面接官にとっては気分の良いものではないだろう。

そのあたりも、面接官の気持ちを敏感にリアルタイムで察知しつつ、ある程度シリアスに受け止めながら冷静に受け答えしていこう。

基本的には、冷静に対応すればいい。ただし、あまりにもクールな対応は失礼。それはそれで、

コミュニケーションとしてまずい。せっかく相手が一生懸命圧迫してくれているのだから。

５種類の圧迫面接があることを知っておこう。

1. けなし（甘さや間違いを突く）
2. フレームはずし（答えようのないことについて意見を求める）
3. 無視（やる気のないふり）
4. ほめ殺し（おだてて反応を見る）
5. けなしとおだての繰り返しによる感情の揺さぶり

圧迫面接とは、志望者の考えや詰めの甘さ、単純な間違いなどを意地悪く執拗に突くような、わかりやすいものだけではない。

「宇宙の存在の、きみにとっての意味は？」など、突然、それまでの常識的な面接の流れ、フレームをはずして、真顔で発想の飛躍を強いて圧迫することも少なくない。

これは、面接の途中で**突然モードを変えてくる**という手法で用いられるケースが多い。それまで、きちんとコミュニケーションを成立させておいて、急に意見がぶつかるというクイックな展開を、面接官はみせるのだ。

突然の場の雰囲気の変化に、志望者がどう反応するかを見ているのだ。

あるいは、「きみを面接する気はないんだよ」とばかりに、最初から存在を無視する類の圧迫もある。

あいさつして部屋に入ったら、面接官は横を向いていたり、あくびをしたり、自己PRを「ごめん、もう一度言って」と、何度も言わせて真剣に聞いていないふりをしたり。やる気がまるでない面接官を演じる。

また、おだてて安易に舞い上がる様子をクールに見るという**「ほめ殺し圧迫」**もある。ほめて、ほめて、そして落とすのだ。

さらには、ほめたりけなしたりして感情を揺さぶる圧迫もある。

面接官と志望者という特殊な関係においては、この種の芝居はごく普通に演じられる。

このような圧迫が存在すること、さらにその目的を理解しておけば、対応策をわざわざ述べる必要はないだろう。

圧迫してくる面接官は、その後一転していい人になる。

これも知っておいていい知識だ。泣かされるほどの圧迫面接が終わったとたん、別の部屋に呼ばれ、「いやあ、きついことを言ってすまなかったねえ」などと言ってくるケースも少なくない（ちなみにこれは感情の揺さぶりによる圧迫面接の一環)。

圧迫をしてくる人は基本的にいい人だ。圧迫するには相当のエネルギーを要する。面接に対する真摯な態度、志望者への愛情がなければやれるものではない。

実際、その会社に入社した場合、圧迫してきた面接官とは、一生付き合う関係になる可能性が高い。

そしてそんなきみも、数年後には、面接官として駆り出され、圧迫面接もやっていることだろう。

面接当日は何を準備すればいいか

「誰かを蹴落としてでも自分が選ばれよう」ではない。

「自分もがんばるけど、みんなのことも応援する」という気持ちで受ける。

「自分さえ良ければ」という器の小さい人間が欲しいという会社は少ない。自分に自信がないとき、人は「自分さえ良ければ」の気分になる。自分に自信がある状態で面接に臨みたい。

エスタブリッシュメント度が高い企業を受けるときほど、その傾向が強くなる。

気分によって、かもし出す雰囲気やオーラ、印象はまったく違ってくる。

誰だってどんなにすごい人だって、少々自信がないモードのときはある。

そうなると、誰だってまず自分のことでいっぱいになり、どうしても自分優先、結果として「自分さえ良ければ」に近い心理状態になる。気をつけたい。

「面接」をピークに持ってくるコンディション作りが大事だ。

スポーツ選手が、試合の日、試合の時間にバイオリズムのピークがくるようコンディションを調整するように、就職活動においては、**面接でベストの自分を出せるようにする**ことが重要だ。

これは面接に限ったことではない。試験でもプレゼンでも、重要な会議でも、社会人になればバイオリズムのピークに意図的に持っていかなければならない場面は、山ほどある。

いつもフルスロットルの自分であろうとするなかれ。緩急をつけよ。緊張と弛緩。ここぞというとき、ベストの自分が出せる「大人」になることだ。

地方の学生はどうすればいいか

現在、大学や居住地が東京近郊ではないが、東京の企業を受けるという人。

面接官は東京で働くことへの覚悟があるか見極めようとしていると理解して、面接に挑もう。

「地方の学生は、首都圏の学生と比べるとのんびりしている」と、複数の人事や面接官から聞く。東京の企業を受けるということは、わざわざ遠くから足を運んでいるのでその気概は伝わるかもしれないが、それだけで満足しないようにしたい。「なぜ地元でなく東京（ないしは首都圏）で仕事をしたいのか」「何に挑戦したいのか」を、自分の中で言葉にしておきたい。

コロナ禍において地方の学生にとってのチャンスは拡大している。今までの就活に比べ、選考の受けやすさが、時間とコストの面から大幅に改善しているからだ。

ただ、大事なことは前述の通りだ。

「なぜその企業に入社したいのか」を掘り下げ、「なぜ地元や大学から離れた地域の企業を受けているのか」という問いにまで答えられるようにしておく必要がある。それができなければ、せっかくのチャンスを活かせない。

チャンスは確実に増えている。好機を逃さないように。

オンライン対策 その１

動画面接の攻略ポイント

ESの代わりかESと共に提出を求められることが増えている動画面接。内容は、自己紹介や自己PR、学生時代がんばったことなどを30秒から１分で話させるものが多い。志望動機を１分程度で述べよというお題もある。

実施方法は、大きく２つのパターンがある。１つ目は事前に録画した動画をアップロードするもの。何度も撮り直しができる。自己PR動画ともいわれる。もう１つは、企業のシステムを使い、その場で出たお題に答えるものだ。より面接に近いといえる。

動画面接は、１次面接で行われる集団面接の代用になっていることが多い。つまり、目的は学生の第一印象の確認である。対面の面接と気をつけることは変わらない。「見た目」と「中身」を磨こう。

□表情や声のトーンで自分を魅力的に表現しよう

カメラが目線の位置にあるかどうかや、光の当たり具合で印象は変わる。必ず確認しよう。180ページもあわせて読んでほしい。

□屋外で撮影してみる

自己PR動画であれば、自分の趣味や特技をアピールするために屋外で撮影するのも手だ。ただ、伝えたいことが、採用担当者に伝わらなくならないように気をつけよう。特に音声を聞き取りやすいかが大事だ。

□フリップやホワイトボードを活用する

フリップやホワイトボードを示しながら話せば、話の内容を可視化できる。事前に論点や話の流れを明確にしておこう。そうすれば、主張したい点がはっきりし、わかりやすい動画になる。より良い伝え方を追求しよう。

□自分の言葉で話す

カンペを見ながら話したり、話す内容を覚えて話したりする人がいるが、賛成できない。話し方に抑揚がなく、不自然に聞こえるからだ。話の流れだけを明確にしておき、あとは目の前の人に話すように意識して撮影しよう。誰かに、画面やカメラの向こう側にいてもらい撮影する方法もある。

Chapter 6

「見た目」対策
入室・着席・面接中の注意点

ここではきみの「見た目」を中心にアドバイスをする。
「ここまでやる必要があるのか」という言葉が聞こえてきそうだが、
断言しよう。「ここまでやる必要はある」と。
入室のとき、そして面接中に
どのように振る舞えば優秀さが伝わるのか、
幹部候補生を予感させせることができるのかを解説しよう。

入室・着席の注意点1

ノック

ノックの仕方で、第一印象が変わる。
部屋に入る前から、面接は始まっている。
ノックをする前から、実は、勝負は決まっているのだ。

絶対内定ノック5つのルール

1. 背筋を伸ばし、顔を上げる
2. 自信に満ちた気分で、自信に満ちた表情をつくる
3. ドアの向こうにいる面接官を透視するイメージで、心を通わす
4. ハツラツとしたノックを3回
5. 切れ味鋭く「失礼しますっ」

「失礼しますっ」の声の後、1秒の間をおいて、素早くドアを開ける。さあ、始まりだ。

ノックをするときの姿勢と目線を意識する

背筋を伸ばし、顔を上げ、目線を前に向けるだけで、自然に気分も変わってくる。
逃げたくなる気持ちをゼロにして、面接に立ち向かおう。
ルールを守って場数を踏めば、緊張することで、むしろノッてくるようになる。

※衣装提供・スタイリングアドバイス／紳士服コナカ

入室・着席の注意点2

ドアの開け閉め

ドアを開けた瞬間に、第一印象は決まる。
はじめて聞かせる声、はじめて見せる姿、はじめて交わす視線。
最初の5秒で、印象は決まる。

絶対内定 第一印象 6つのルール

1．顔を上げ目線は前へ
2．ドアの開け閉めは緩急をつけて
3．ドアが閉まるまで、上品に手を添える
4．一連の動作中、背筋を伸ばし堂々と
5．面接官におしりを向けない
6．美しき立ち姿で面接官とアイコンタクト

ルールを守ったつもりでも、一つ一つがぎこちないと、幼い印象や不思議な人という印象を与えてしまう。練習して、場数を踏んで体で覚えることが大切だ。

ドアの開け閉め、あいさつは、手際よくと堂々

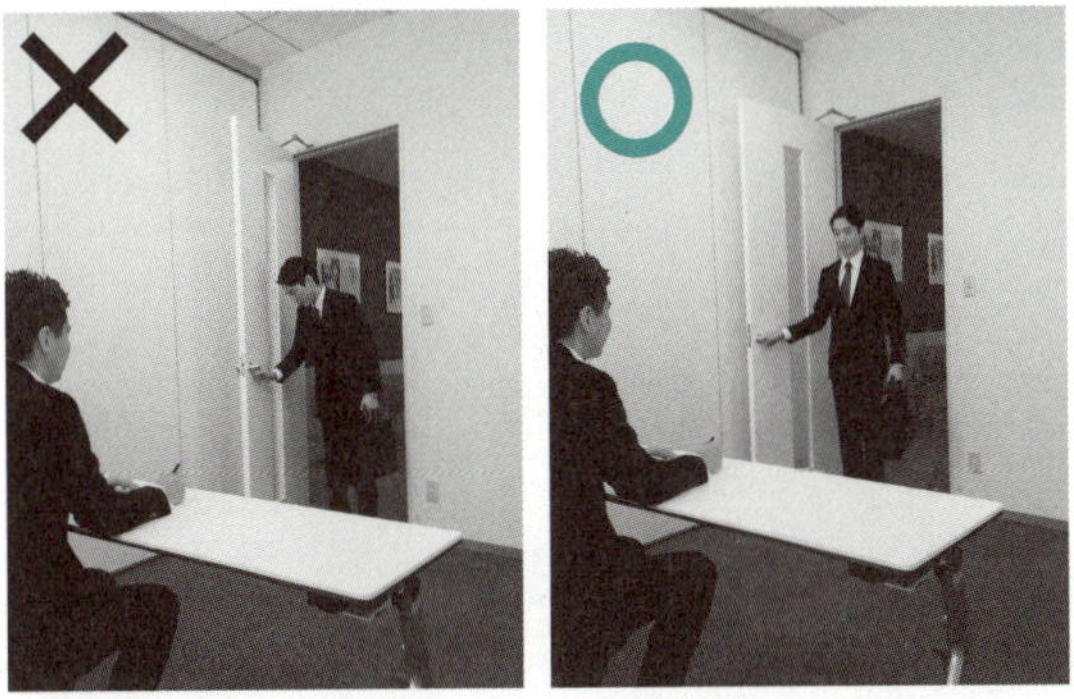

×の例:背筋が丸く、目線が下だと、自信がなさそうな印象になる。
その瞬間、面接官は面接する意欲が失せてしまう。

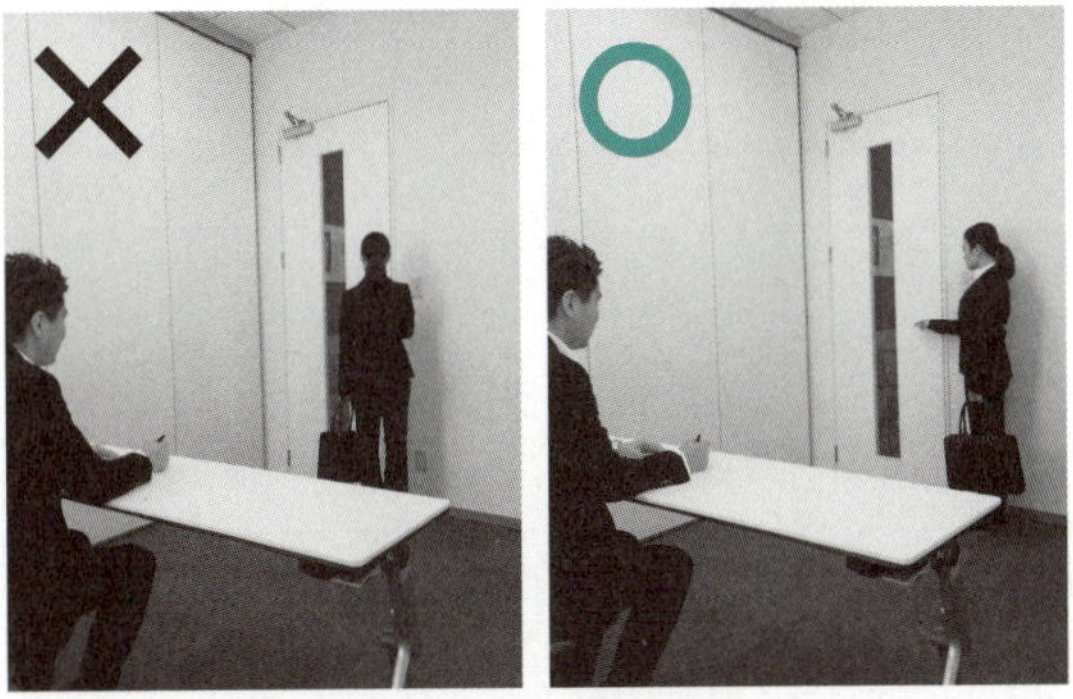

×の例:面接官におしりを向けるのはまずい。
ドアは開けっ放しにせず
閉まる瞬間まで上品に手を添えて。

立ち姿

美しい立ち姿で印象づける。

立ち姿一つで、印象はまったく違う。これを機に、美しい立ち姿を必ず身につけよう。

絶対内定 立ち姿 4つのルール

1. 背筋を伸ばし、目線をまっすぐ前に
2. 肩の力を抜く
3. かかとをつける
4. 手は指先まで伸ばし太ももの側面へ（女子は腹部におくのも可、その際も指先まで意識して）

左右のひざの裏をくっつけるつもりで、左右の太ももの裏側をくっつけるつもりで、左右のおしりを密着させるつもりで、絞り込む！ そして、おしりのほっぺたをギンギンに締める。

モデルや役者、タレントが、スタイルよく見えるよう、デビューする前に最初に学ぶのが、立ち姿。誰だって美しく見えるようになる。必ずマスターしておこう。ちなみに、これでO脚もかなり改善する。左右の太ももの後ろを絞るようにくっつけ、おしりのほっぺたを締めるのだ。

左右の太ももの後ろを絞るようにくっつけ、おしりのほっぺたを締める

美しい立ち姿を身につけていることは、大いなる強みだ。
ただつっ立っている人との違いは一目瞭然。
面接官に非常にいい印象を与えることは間違いない。

おじぎ

おじぎは背筋を伸ばして。
おじぎ一つで印象は様変わりする。言わずもがなのことだ。

絶対内定 おじぎの手順

1. 美しい立ち姿から始める
2. おじぎをする前にアイコンタクト
3. 背筋を伸ばしたまま45度曲げる
4. 頭を下げるときは素早く、上げるときはややゆっくり
5. 首を曲げずに、背筋と顔、目線はそのままで下げる
6. おじぎを戻した瞬間に、再びアイコンタクト

おじぎは背筋と首を曲げずに行おう。

おじぎは背筋と首を曲げずに

顔と目線を上げたままだと、スキージャンプになってしまう。
首が曲がると、怒られている人、反省のポーズになってしまう。

おじぎに育ちの良さ、エレガントさをかもし出そう。
写真を参考に。

座り方（男子）

座り方にもルールがある。みんな、できていそうでできていない。

絶対内定 座り方（男子）6つのルール

1. 深く腰かけ過ぎない、3分の2まで
2. 面接中は、背もたれに背中をつけない
3. 上体はまっすぐ。背筋を伸ばし、上からヒモでつられているように
4. 足は引き過ぎない、出し過ぎない。垂直に下ろす。基本的に動かさない
5. 足は開き過ぎない、肩幅で
6. 手はやわらかく握り、ももの上が基本姿勢

話に熱くなって前のめりになったり、貧乏ゆすりをしたり、足が子供のようにちょこちょこ動いてだらしなかったりする人は多い。自分でも気づかぬうちにやっているから、模擬面接の様子を動画撮影するなどして、事前にチェックしておこう。また、深く腰かけ過ぎないように。堂々と、でも偉そうにならないように。

深く腰かけ過ぎない。堂々と、でも偉そうにならないように（男子）

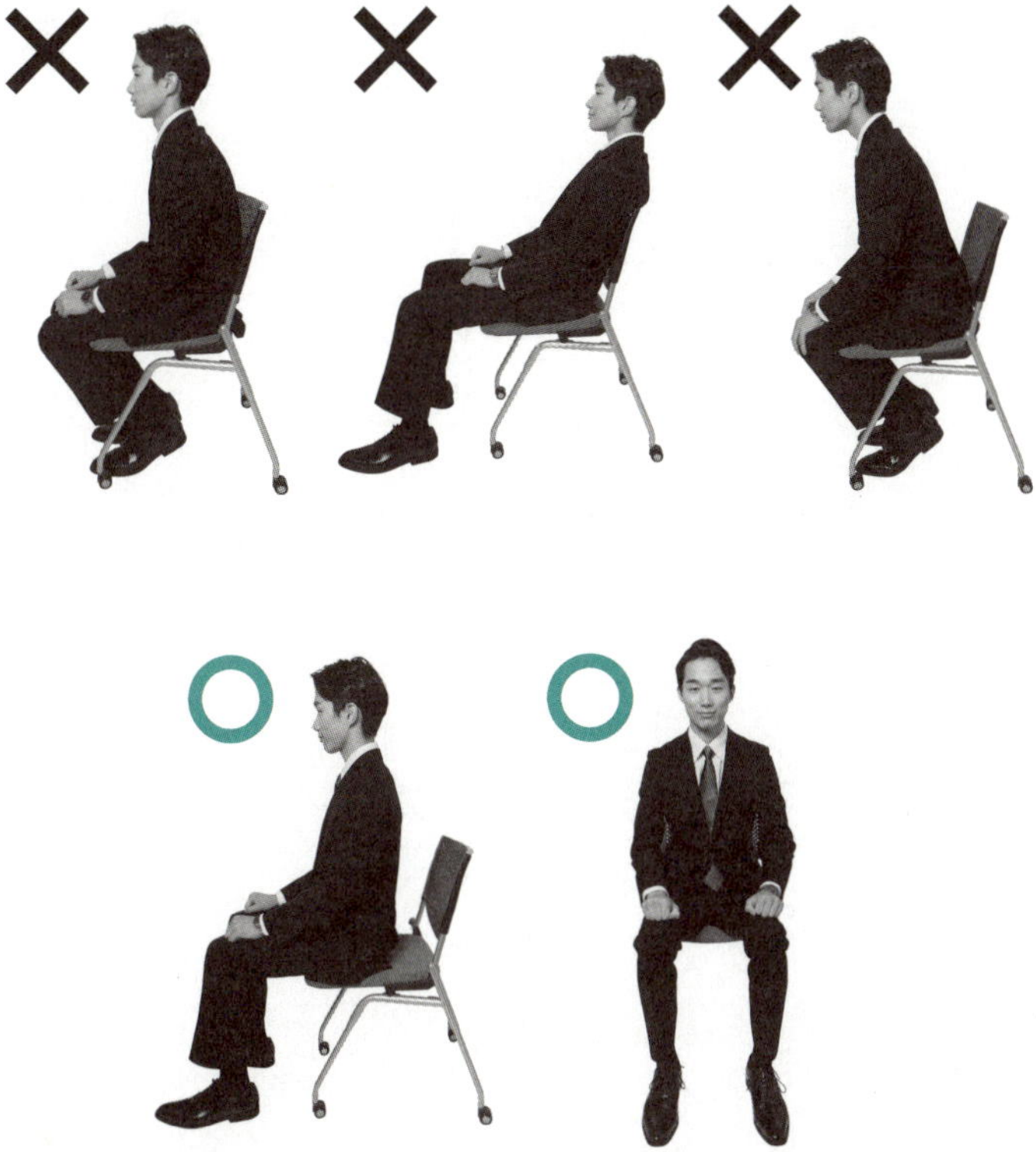

自信なさそうに背中を丸め縮こまって座る人、逆に、自信があるふり、堂々としたふりをしようと、虚勢を張った座り方になってしまう人など、座り方で心理状態はお見通しだ。手は○の写真のように、やわらかく握る。ひざをつかむのはNG。

座り方（女子）

絶対内定 座り方（女子）7つのルール

1. 深く腰かけ過ぎない、2分の1まで
2. 面接中は、背もたれに背中をつけない
3. 上体はまっすぐ。背筋を伸ばし、上からヒモでつられているように
4. 足は引き過ぎない、出し過ぎない。垂直より5センチ前。基本的に動かさない
5. 足はそろえて左右どちらかに、5センチずらす。ずらし過ぎは色っぽくなり過ぎる
6. ひざは常にくっつける
7. 手はやわらかくそろえて、ももの上が基本姿勢

話に熱くなって、ひざの間が開いてしまったりすると、一気に下品な印象になる。自分でも気づかぬうちにやっているから、模擬面接の様子を動画撮影するなどして、チェックしておこう。

いすは前1/2に腰かける（女子）

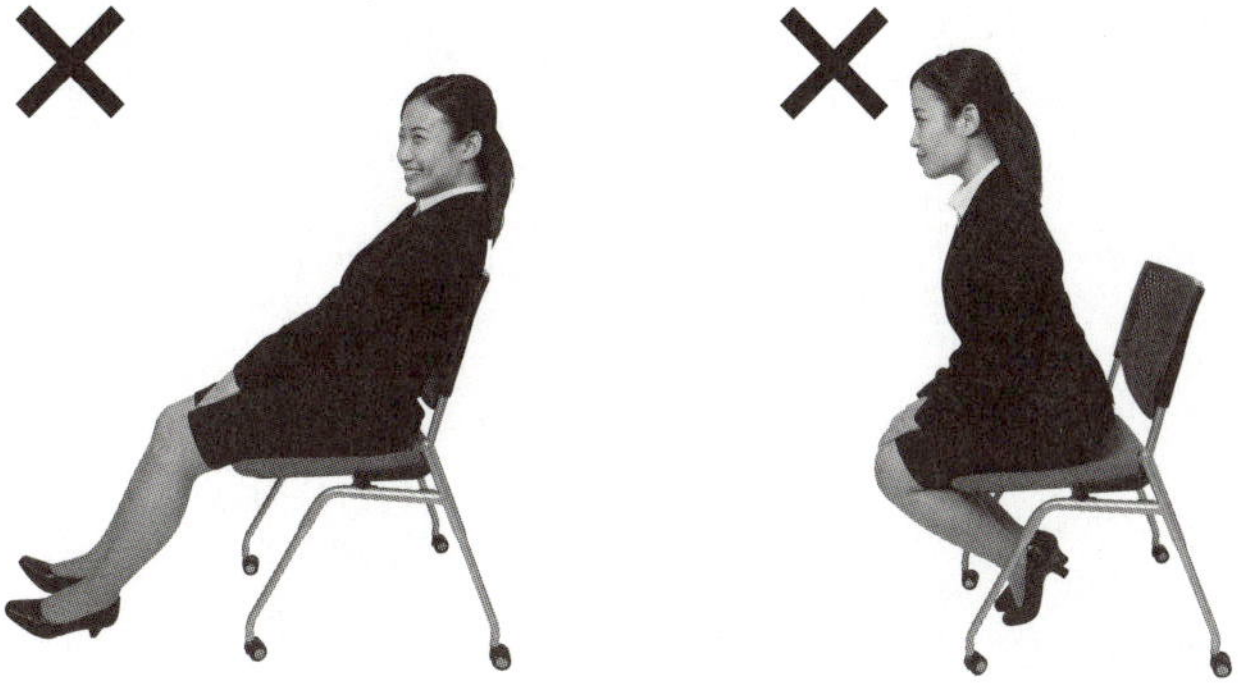

左：面接中に話が弾んでも、リラックスし過ぎない。
右：必死になる気持ちはわかるが、前のめりになり過ぎてもいけない。

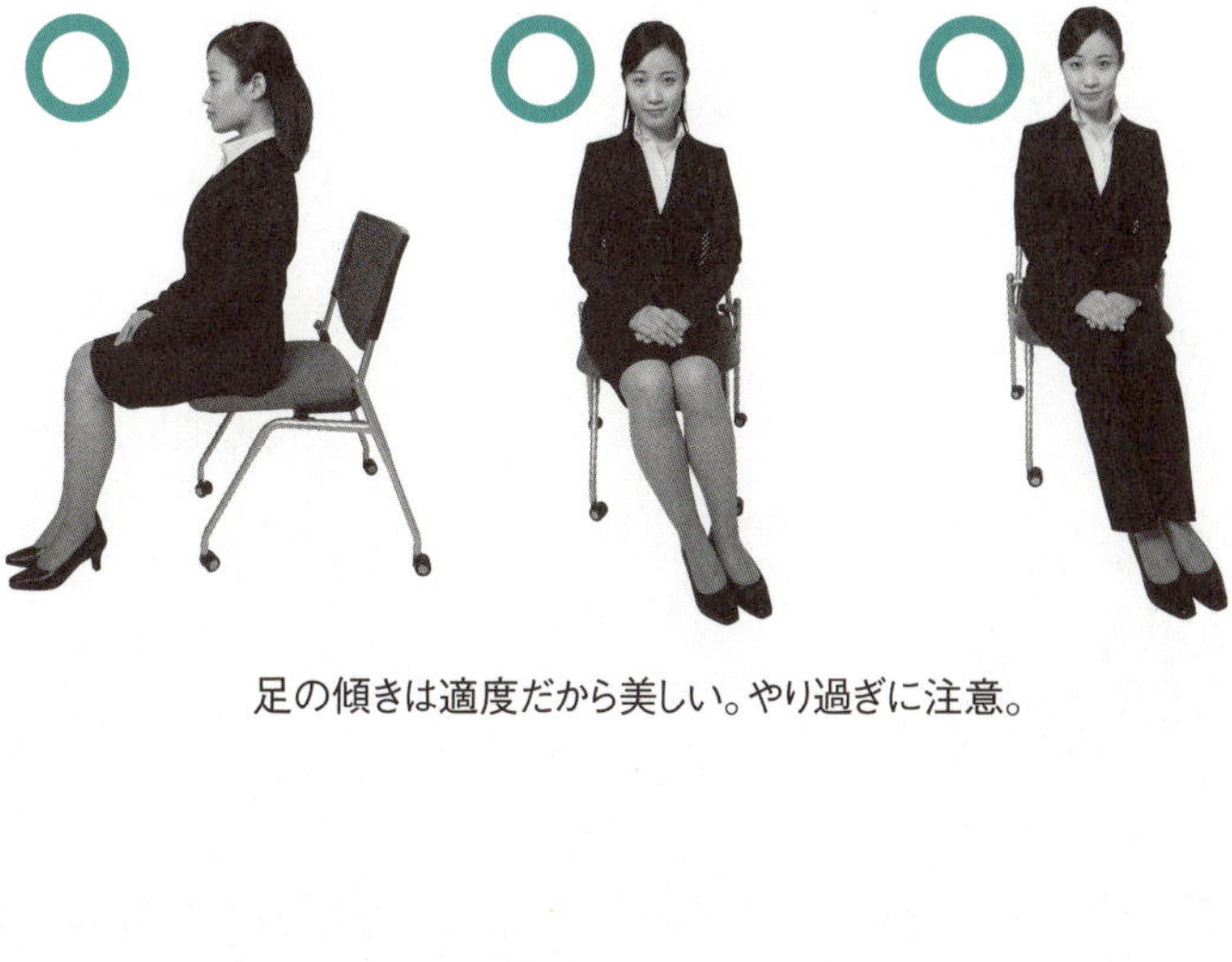

足の傾きは適度だから美しい。やり過ぎに注意。

手の形・足の形（男子）

面接中、面接官から見て学生の手や足の動きはとても目につく。せわしなく動いていたり、逆に固く握り締められていたり。どんなに立派な発言をしても、学生の心理状態や性格、自信の度合いまでがすべてそこに映し出されているのだ。

面接中の手の形・足の形 4つのルール（男子）

1. 手はやわらかく握り、ももの上に
2. ジェスチャー以外は、手を意味なく動かさない
3. 脇を締める。ひじを広げない
4. 足は肩幅のまま垂直に下ろす

模擬面接で面接官役をやるといい。手や足の動きがどれほど気になるか、変な形や変な動きが、どんな印象を与えるか観察し、感じてみよう。脇を締め、手はやわらかく握ってももの上に。

脇を締め、
手はやわらかく握り、ももの上に

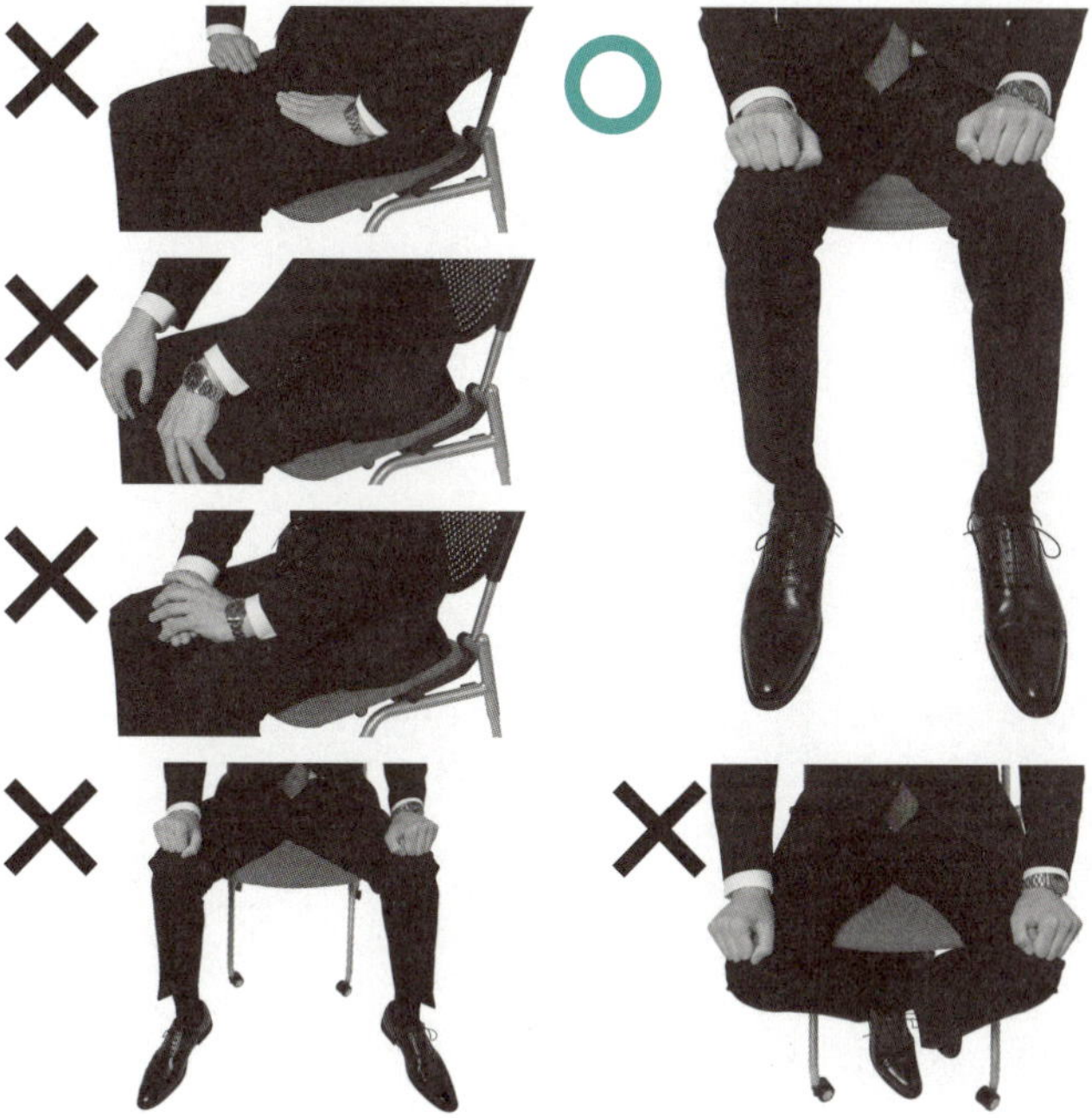

悪い例5つ。左上から順に説明する。
1段目:ひじを張り出すと脇が空く。虚勢を張った自信のない印象。
2段目:ひざを握り締めると、緊張している印象。
3段目:手を組むと背筋が曲がる。自信のない印象。
4段目左:虚勢を張って足を広げる。自信のない証拠。
4段目右:足を奥に入れている。疲れてくるとやりがち。だらしない印象。
右上の良い例のように決めてみよう。

手の形・足の形（女子）

女子は、男子以上に足が気になる。特にスカートの場合。エレガントさをかもし出せるかどうかは、服や髪型、化粧以上に、手や足の形、さらに手や指先の動きにかかっている。

面接中の手の形・足の形 4つのルール（女子）

1. ひざも足も、いつもつけたままに
2. 下着が見えないように、手はそろえてももの上に
3. 指先まで神経を行き渡らせ、上品に
4. 足は垂直より5センチ前に出し、5センチ横に傾ける

スカートの際、ジェスチャーのために手がももから離れるときは、下着が見えないように注意する。パンツスーツのときは、つい油断して足を開きがち。気をつけよう。

スカートでもパンツでも、ひざと足は常につける

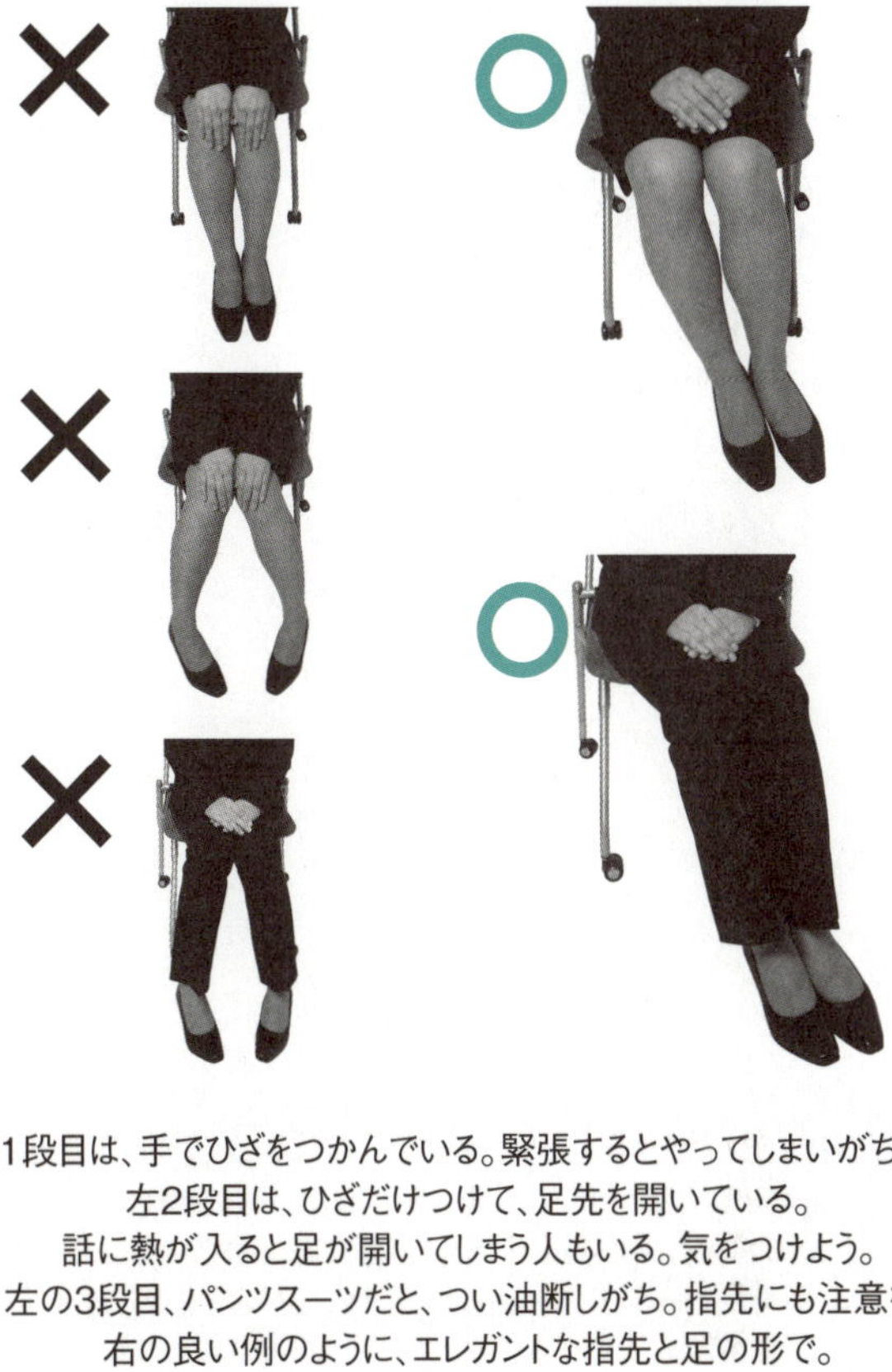

左の1段目は、手でひざをつかんでいる。緊張するとやってしまいがちだが×。
左2段目は、ひざだけつけて、足先を開いている。
話に熱が入ると足が開いてしまう人もいる。気をつけよう。
左の3段目、パンツスーツだと、つい油断しがち。指先にも注意を。
右の良い例のように、エレガントな指先と足の形で。

面接中の注意点1

語尾を短く、歯切れよく

質問について、「一言で答えると何なのか」。まず一言で、簡潔に答えること。きちんと「。」がくるように文章として成立させる。

「それはですね～、まずですね～、○○がありまして～、そのときに……」

というように、文章が切れないしゃべり方は、聞く側にとっては非常につらい。

「要するに何なの？」と思ってくれるうちはまだまし。

志望者がだらだらと長い文章をしゃべり始めると、多くの場合、面接官は、途中から聞く気を失っていると思っていい。

語尾も要注意だ。

「私は～、○○で～」

と、語尾が伸びる幼いしゃべり方にも、大人は敏感に反応する。

集中力をなくし、不快感を味わうものなのだ。

頭が悪そうな印象を与えるだけではない。そういうしゃべり方の人の話は、面接官には、まず聞いてもらえないと心得よ。

面接中の注意点2

マスクの有無は最初に確認

基本的にはマスクの有無は面接官や人事担当者の指示に従おう。「どちらでもかまわない」と言われたら、こちらで判断する。念のためマスクは持参しておく。あらかじめ必要とわかっているなら、予備も持っていこう。

ほかにも最初のあいさつは自分なりに工夫しよう。例えば、「○○です。御社が本命です、どうぞよろしくお願いします」など。

気合いとユーモアを面接官に「同時に」伝えること。といっても、笑いをとるためにやっていると思われては、「不謹慎な印象を与えてしまう。狙い過ぎはNG。ユーモアが過ぎれば、大人のコミュニケーションがわかっていない幼い人物という印象になりかねない。絶妙であれば、面接官に気合いが伝わりつつ、しかも場を和ませることができる。次のように工夫してみよう。

「本日は（お呼びいただき）ありがとうございます。（キリっと）どうぞよろしくお願いします（ニコっと）」

ただし、「緊張していますが、よろしくお願いします」など弱々しい印象を与える言い訳はなしだ。

面接中の注意点3

アイコンタクトする

質問を聞いているときは、質問者にアイコンタクトをしよう。

苦手なタイプの人には特に手厚く。**答えるときは、質問者以外にもアイコンタクトするが、質問を聞くときは、質問者のみにアイコンタクト**する。それが礼儀だ。

質問に答える場合は、その質問をしてくれている人に重点を置きながらも、それ以外の人もしっかり見る。下ばかり見て何か書き物をしている人にも、アイコンタクトをすること。こちらを見てくれていなくても、目元を見るのだ。

苦手なタイプや圧迫してくるタイプの人から逃げるな。むしろ飛び込んでいけ。「あなたとじっくり話したい」という気持ちを伝えるような気持ちで。

志望者の99％が、苦手なタイプの人を避けようとするもの。きみはここで一気に差別化するべき。もっとも、苦手なタイプだと感じた面接官が、本質的に苦手なタイプとは限らない。むしろ、わざとそういう人間像を演じていることが多い。きみのためにわざわざ一生懸命に演じてくれているのだ。感謝の気持ちを持とう。

面接中の注意点4

聞く姿勢をとる

しゃべり方よりも、聞き方が重要だ。

面接官だってしゃべりたいのだ。よくしゃべるということは、気持ちのいい状態である証拠。

面接とは、単に志望者が伝えたいことをしゃべる場ではない。また「伝えたいこと」とは、話す内容で伝えるよりも、聞く姿勢で伝えるほうがよっぽど伝わるものだ。

例えば包容力があることを伝えたいのなら、包容力がある人として、聞く姿勢を見せればいい。リーダーシップがあることを伝えたいなら、わざわざ自分のリーダー経験を語るよりも、そのことはESに書いておき、質問されても謙虚にさらりと言うにとどめておく。後は聞く姿勢で、自分がリーダーとしてふさわしい人間であることを伝えればいいのだ。**リーダーシップがある人の聞く姿勢で聞く**のだ。

相手が気持ちよくしゃべる気になるよう水を向けよう。

相手にたくさんしゃべらせることができたら、心はすでにつながっている。また、バランス的にも、自分がしゃべるときに、相手は一生懸命聞いてくれるはず。

面接というとしゃべることに重点が置かれがちだが、しゃべること以上に聞く姿勢が重要なのだ。

面接中の注意点5

相づちを打つ

相づちは連続して打たない。打ち過ぎは×。

一生懸命聞く姿勢を見せようとすると、つい何度も相づちを打ってしまう。これはNG。相づちは回数が増えるほど、嘘っぽくなる。軽くなる。媚を売っているようにすら見える。

特に「うんうん、うんうん」と一度に相づちを繰り返すのは、外国人相手に「ソーリー、ソーリー」と何度も謝っているダサいジャパニーズ状態になる。

とりわけ、エスタブリッシュメント系を好む業界（外資、コンサルティング、商社、テレビのキー局など）では絶対に打ち過ぎないように。軽い印象になる。

1回を確実に、大切に、ゆっくりと。ばっちりアイコンタクトしながらゆっくりと打てば、「もっと話していいですよ」というメッセージを、相手に伝えることにもなる。

面接中の注意点6

話を締める

発言の**締めの「以上です」**で、切れ味を出せ。

いちいち話の終わりに「以上です」を連発すると、いつまでも打ち解けないお堅い人という印象を与えることになるので注意が必要だ。

これは集団面接や、つい話が長くなってしまったときなどに使うべきテクニックである。

適切なタイミングで一発かますことができれば、確実に切れ味を演出できる。

面接中の注意点7

感謝を述べる

最大限の感謝の言葉（誠実なお礼）プラスアルファを述べる。


とても忙しい中、面接してくれたことに最大限の感謝の言葉を贈ろう。

特に圧迫（面接）までしてくれたのなら、プラスアルファの決意の言葉も忘れずに。

最後のあいさつは丁寧に、10点満点で決めよう。

感謝と決意をあいさつに表せ。おじぎは最高に心を込めて、気持ち長め、さらに深めに。

頭を下げるときはクイックに、上げるときは気持ちゆっくりと。

おじぎの後、最後にもう一度面接官に目で訴える。

おじぎから顔を上げた瞬間、ばっちり目で訴えよ。最高のアイコンタクトを決めよ。「そのアイコンタクトをされたら落とすわけにはいかない」というレベルで決めよう。

面接中の注意点8

意識して話す

大切なことは、少し大きな声で話す。

大切なことは、ゆっくりと話す。

大切なことは、それを話す直前に「間」を作ることだ。

初心者にもトライしやすい即効テクニックである。

当然、声の大きさが変化すれば、注意力が高まる。声が大きくなれば聞き取りやすく、強調しているのだろうと思ってくれる。誰でもできるテクニックだ。ただし、それだけでは大人の面接ではそれほど効果は期待できない。

一番言いたいことを伝えるシーンでは、あえてゆっくり言葉をかみ締めるように伝える。

言いたいことだけに、つい、「待ってました」と、早口でまくし立ててしまう人もいるが、それでは幼い印象になる。小さな子供の「ねえ、聞いて聞いて！」になってしまう。ゆっくりを心がけよう。

「間」は場の空気を引き締める。一瞬の静寂。

タメを作って、部屋中の集中力を高めてから、発言するのだ。

面接を楽しむ

面接を受けるきみは幸せを感じているだろうか。

望む未来に向かって、志望する会社の面接を受ける。

なんとワクワクすることだろう。

緊張するのもわかる。当たり前だ。しかし、確実に、きみの未来がこれから広がっていくのである。幸せを感じてほしい。希望を体中で感じてほしい。受けられる喜び。**前に進む喜び。**もしその会社に落ちたって、きみの未来は変わらない。

そして、面接官やほかのスタッフへの感謝の気持ちを常に忘れずに。

始まる前も途中も、終わってからも、面接の出来がどうであれ、面接してくれることに感謝の気持ちを持とう。それは必ず相手に伝わる。

そういう人のことは、必ずしっかり見ようとしてくれる。人間関係とはそういうものだ。

面接中の注意点10

自分を信じる

きっときみはうまくいく。

自分がうまくいくこと。それを信じる才能を持っている人が欲しい。

どこの会社だって。

現状の実力がどうであれ、それだけは持っていよう。

今回の面接がどうであれ、少なくとも自分だけは、自分を信じてあげよう。

逃げさえしなければ、きっときみはうまくいく。

いってらっしゃい！

オンライン対策 その2

オンライン面接の対策ポイント

大前提としてオンラインでも対面でも面接の本質は変わらない。面接官は一緒に働きたい人を探しているだけだ。面接では、「見た目」と「中身」2つの側面から判断される。まずは我究（自己分析）と社究（企業研究）が共通して大事であると理解しよう。

とはいえ、オンライン面接が初めてで不安を感じている学生もいるだろう。オンライン面接特有の気をつけるべきポイントを６つ解説する。

□ライティング

日中は自然光が顔に当たる位置で面接を受けるよう工夫する。
夜は女優ライトなどを活用して顔が暗くならないようにする。

□目線

画面ではなくレンズを見て、実際に相手の目を見ているつもりで話す。
カメラの高さを調整し、目線の位置にくるようにする。

□反応を大きく

画面を通してしまうと、きみの人柄が適切に伝わらないことも。
通常の1.5倍のリアクションをして、元気さと明るさをアピールしよう。

□背景

無地の壁かシンプルなバーチャル背景にしよう。
ごちゃごちゃの部屋を採用担当者にアピールするのは避けたい。

□電源と Wi-Fi は事前に確認を

回線が落ちるなど、ネットワークトラブルに備え、企業の連絡先（電話番号）を事前にメモしておこう。

□面接開始の10分前までに待機室へ

通信状況や面接で話すことなどを確認しておき、余裕をもって準備する。
移動に時間がかからないからといって、ギリギリにならないように。

Chapter 7

「見た目」対策
服装

ここではスーツの着こなしや髪型など、
「見た目」に関することについて、解説する。
ほんのちょっとの工夫で劇的に印象を変えることができる。
そして、今日からでもすぐに自分を変えることができるのが
「見た目」だ。
これを読んで、今からできることに取り組んでみよう。

見た目の重要性を理解する

見た目は、とても重要なのに、それを理解していない学生がほとんどである。

我究館は31年間で1万人以上の学生を社会に送り出してきた。卒業生の中には現在採用面接官をしている人も多く、彼らと話していると、口をそろえて言うことがある。

それは、**「見た目が与える印象と選考結果は、ほぼイコール」**ということだ。

「入室して数秒の印象で、合否がほぼ決まる」（外資投資銀行Oさん）

「『いいな』と思う学生は、最初からオーラ（見た目）が違う」（総合商社Tさん）

「活躍しそうな人材は服装から表情まですべてに気合いが入っている」（大手メーカーYさん）

「最終面接に残る学生は全員優秀。最後の判断は印象の部分が大きい」（メガバンクHさん）

左の図にあるように「人は**人の印象を90％以上見た目や話し方で判断している**」という調査結果がある。見た目は1日で変えられる。なのに多くの学生はその重要性に気づいていない。

「話の内容」以外で
93%の印象が決まっている

人の印象を左右するもの

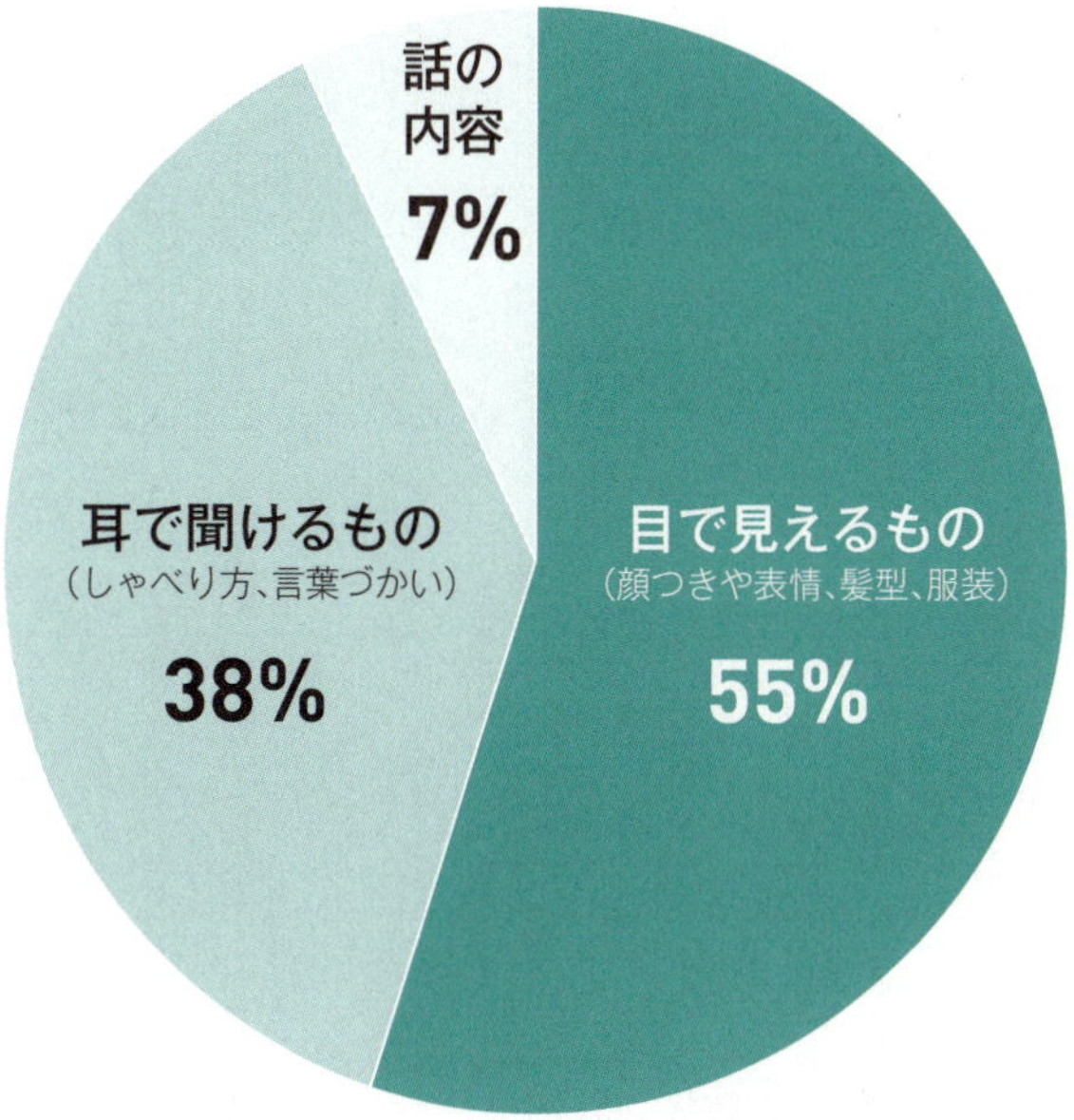

**「しゃべる内容」が大切なのは言うまでもないが、
ビジュアルの重要性を改めて心に留めよう**

見た目は、この瞬間からでも磨ける

左のページの男女の全身写真に注目しよう。男女とも同じモデルだ（撮影時、大学生）。まず✖の写真を撮り、その後、スーツやシャツを着替え、髪型を変え、〇の写真を撮った。すなわち、ほんの数分後に撮影したものだ。

たった数分で、ここまで劇的に印象を変えることができるのだ。

服装、髪型、それらが気分を変え、顔つきを変え、自信さえもがみなぎる。そういうものなのだ。

ちなみに、この2人は、もともと引き締まっていて、スタイルがいい。

仮にきみがややぽっちゃりしているなら、例えば毎朝30分ほど走ったり、腕立て伏せなどの筋トレをするだけで、2週間もすれば、見違えるようになるだろう。

どんな人でも、絶対にかっこよくなる。美しくなる。例外は1人もいない。

たとえ面接の本番まで時間がなくても、劇的に変えることができる。それが見た目なのだ。

同じ人物でも、
見た目は大きく変わる

※衣装提供・スタイリングアドバイス／紳士服コナカ

見た目の重要性を心底から認識してほしい。

見た目によって、どのように印象が変わるのか、このチャプターの写真を見て、感じてほしい。さらにコメントを読んで、感じてほしい。


見た目を磨くことで、人に与える印象は一瞬で変わる。

きみへの対応も一瞬で変わる。きみ自身の気分も一瞬で変わる。

相手の対応が変われば、それに応じて、きみの気分も意識も態度も、ますます高まり、洗練されたものになる。見た目がすべてだとは言わないが、強烈なインパクトを与え、驚くほどレバレッジの利くツールなのだ。


中には、「ここまで（こんな細かいところまで）やるか?」と感じる人もいるだろう。

しかし、覚えておいてほしい。

ディテール（細部）に神は宿る（＝細かいところこそが全体の印象を左右する）のだ。

就職活動に限らない。仕事にも、スポーツにも、何事にも通ずる、プロフェッショナルの考え方だ。**本気なら、細部まで、細部にこそ気を配ろう。**

見た目で落とされてしまう典型的な大学生もいる。

例えば、学歴や資格などのスペックが高い、勉強が得意なタイプの人。書類選考や筆記試験などは高評価で通る。しかし、このタイプの中にはスーツの着こなしや、髪型などに無頓着な人が多く、「勉強は得意だけど、コミュニケーション能力やトレンドをつかむ力が弱そうだな」と思われ落とされてしまう。非常にもったいない。

それ以外にも、大学時代に派手に遊んでいたタイプ。大学生同士のコミュニケーションでは、盛り上げ上手で人気者であることが多い。だが、このタイプは、話し方や表情にだらしなさが出てしまう。面接官の評価は最悪だ。面接官の反応の悪さに「学生の友人とはうまくしゃべれるのに、面接ではボロボロ」と肩を落とすことになる。

どちらの学生も、見た目で誤解されているだけ。実は素晴らしい人間性や能力を持っていることがほとんどだ。見た目の改善で、驚くほど成果を出すことができる。

スーツ選びで印象を洗練させる

「知的」「信頼感」「品の良さ」「大人感」。
これらのイメージをスーツ全体で伝えるのだ。

絶対内定 スーツ選び 5つのルール

1. 流行を追い過ぎないシルエット
2. 男女共に2つボタン
3. 色はネイビーか黒
4. 柄は無地もしくはうっすらストライプ
5. 徹底したサイズ合わせ

今は細身のシルエットのスーツがトレンドであるが、就職活動においては細身過ぎるものはふさわしくない。いわゆる「ブリティッシュスタイル」といわれる最もポピュラーかつコンサバティブなものを選ぼう。なお、スーツを買うときは、最低5着は試着すること。試着することではじめて、自分の体に合うスーツがわかる。面倒がらずに必ず試着を。

「知的」「信頼感」「品の良さ」「大人感」を全体から感じるか

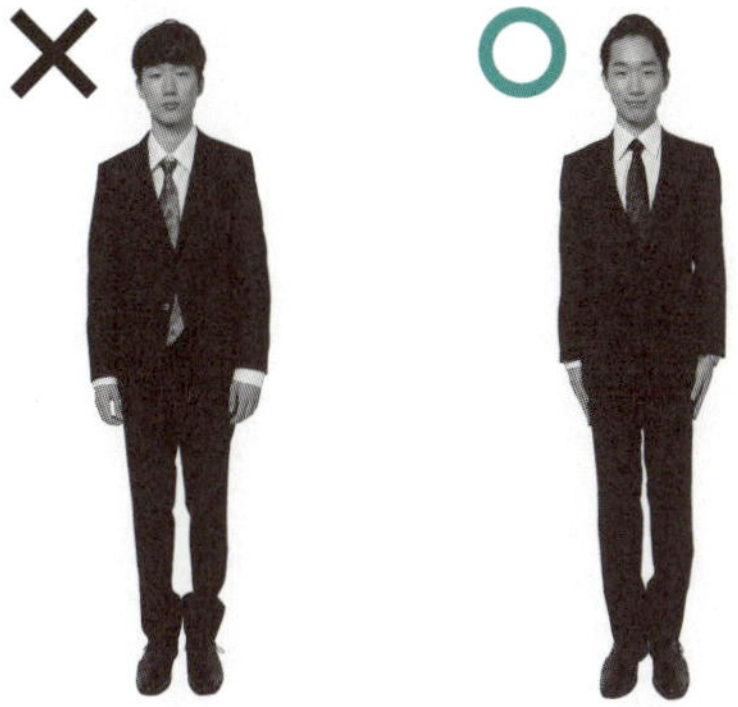

男子：○のほうが大人感がある。仕事ができそうな印象。仕事を任せたいと感じる。

女子：○のうち、スカートの場合は内勤業務やアシスタント業務がバッチリな印象。パンツスーツになると法人営業や企画といった仕事にも向いている印象だ。

サイズが合っているかで、すべては決まる

どんなスーツやシャツも、サイズが合っていなければ、「だらしない印象」にしかならない。

自分にぴったり合ったサイズのものを着る、これが基本。

絶対内定 サイズチェック 5つのルール

1. 袖の長さは合っているか（ジャケット&シャツ）
2. 裾の長さは合っているか（パンツ&スカート）
3. 肩は合っているか（ジャケット&シャツ）
4. ウエスト回りは合っているか（ジャケット&パンツ&スカート）
5. 首回りは合っているか（シャツ）

袖口は、手の甲につくかつかないかの長さ。パンツの裾は靴のヒールの上端まで。首回りはボタンをとめた状態で指が1本入るか入らないかくらいのすき間が開く程度。

このような目安となる基準もあるが、きみたちは必ずお店の人にメジャーで測ってもらおう。そして自分の体に一番合うサイズを知ることから始めよう。

袖、裾、Vゾーン、肩etc.
サイズが合っていると美しい

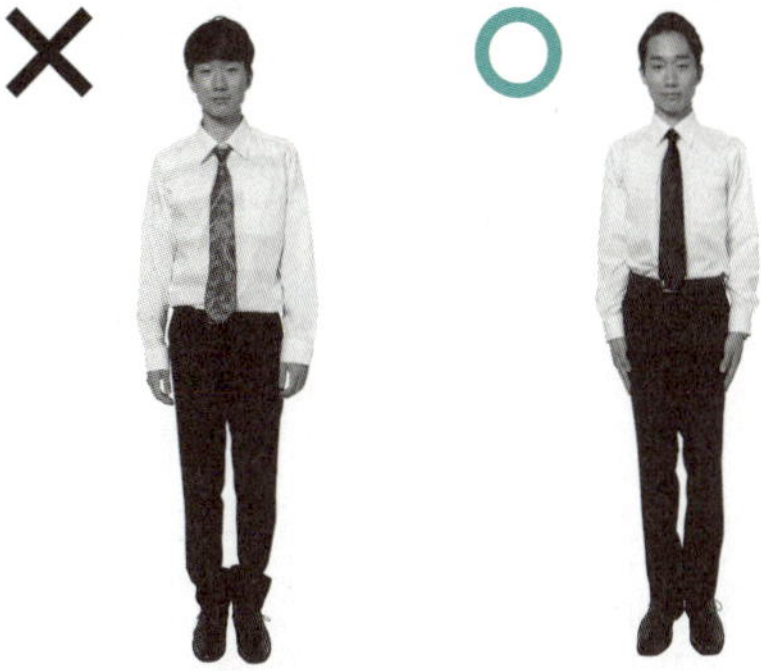

男子:写真ではわかりにくいかもしれないが、まず袖。×のほうが少し長いのがわかるだろう。次に裾。×はパンツが少し長く、ダボついている。首回りも、少しゆるい。また、×のようにインナーに柄物を着るのは絶対にNG。着るなら白無地一択だ。

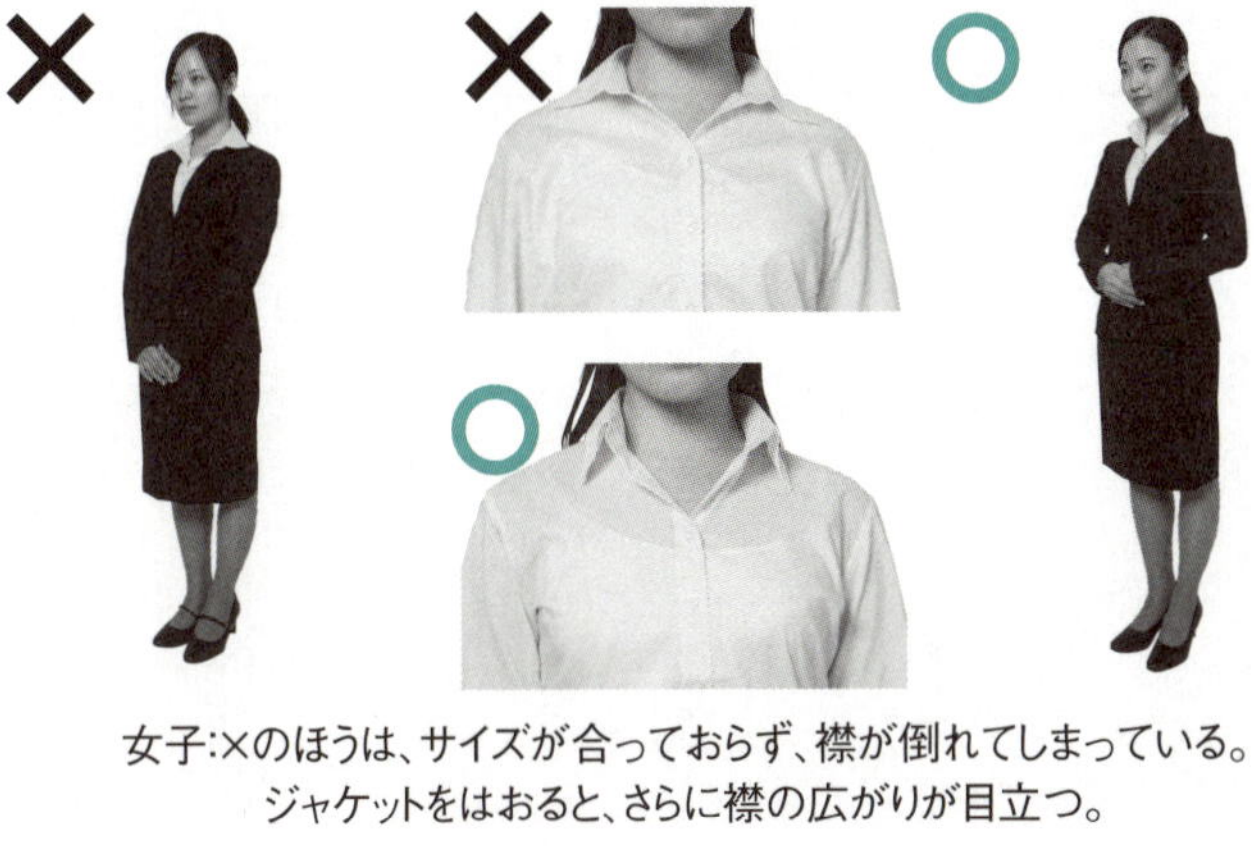

女子:×のほうは、サイズが合っておらず、襟が倒れてしまっている。
ジャケットをはおると、さらに襟の広がりが目立つ。

「センスのいいもの＝高級なもの」ではない

自分のサイズに合っていて、派手過ぎず、正統派のものであれば、値段は関係ない。

スーツも靴も、シャツもネクタイも、高級品をそろえたらキリがない。

それに、もしかしたら面接という場にふさわしくないかもしれない。

おすすめは、**「パターンオーダー」や「イージーオーダー」**と呼ばれるもの。

百貨店やスーツ専門店などで展開している。

「パターンオーダー」であれば、袖や裾の長さはもちろん、ジャケットの丈の長さや胴回り、スカートの丈と幅など、かなり細かくサイズを指定できる。したがって自分の体にぴったり合うものが出来上がる。値段も３万〜４万円程度からあるので、どうにか手が出る範囲だろう。

もし既製品のスーツを購入するなら、袖・裾・丈・幅など徹底的にサイズを合わせて、お直しをしてもらうこと。面倒がらずに、細かくチェックしよう。

スーツの
お直し代はケチらない

必ずしも高級品である必要はない。
サイズが合っていることのほうがはるかに重要だ。
総じてはじめてのスーツはサイズが全体的に大きくなりがち。
丈はもちろん、女子はスカートの幅も詰めて
シルエットをきれいにしよう。

男子スーツは、オシャレ感よりも「知的」「信頼感」「品の良さ」「大人感」

スーツを着た瞬間から、勝負は始まっている。

「知的か」「信頼できるか」「品格はあるか」「大人か」。何も語らず、スーツ姿でこれらを伝えてみよ。将来の幹部候補生の雰囲気を出すのだ。

絶対内定 男子スーツ 5つのルール

1. 正統派「ブリティッシュスタイル」のものを
2. 「2つボタン」のシングルスーツ
3. 色は「ネイビー」か「黒」
4. 柄は「無地」もしくは「うっすらストライプ」
5. 徹底したサイズ合わせ

繰り返すが、スーツを買うときには、最低5着は試着すること。

試着することではじめて自分の体に合うスーツがわかる。面倒がらずに試着をしよう。

スーツで幹部候補生の雰囲気をかもし出す

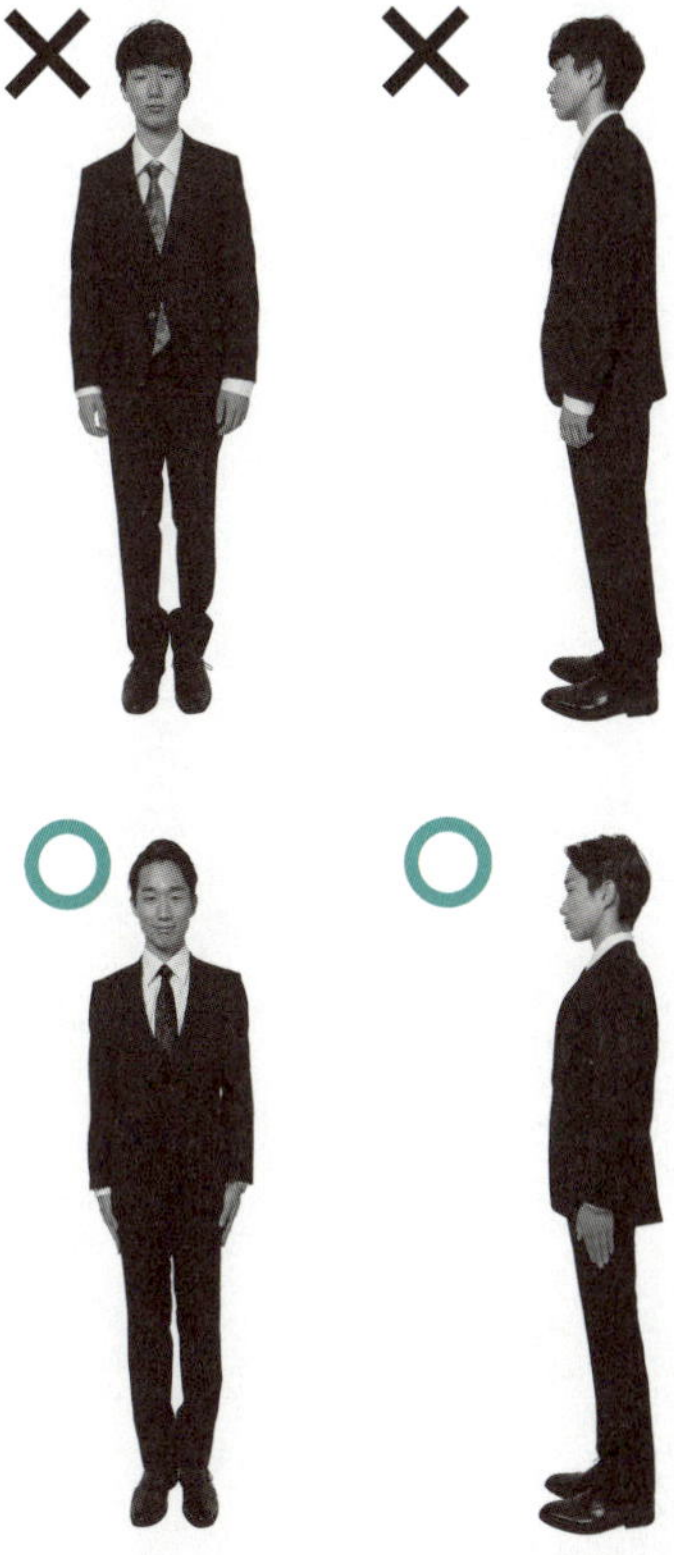

×○とも同一人物だが、明らかに○のほうが、大人っぽい。仕事ができそうだ。
仕事をやってくれるだろうという信頼感がある。
「見た目」だけでここまで変わる。「見た目」が変わると自信まで感じられる。

男子バッグは、ナイロンより革製をチョイス

直接身に着けるものではないが、意外と存在感が大きいのがバッグ。
ここでも大切なことはビジネスシーンにふさわしいかどうか。
学校ではナイロンバッグでも構わないが、ビジネスシーンでは、ちょっとそぐわない。
床に置いたら倒れてしまう。足の間に挟むなど言語道断。

絶対内定 男子バッグ選び 5つのルール

1. 色は黒
2. 素材は本革、もしくは合成皮革
3. 床に置いても「自立」するブリーフケース型
4. A4サイズが余裕で入るサイズ
5. シンプルなデザイン（華美なものはNG）

本革製だと値段が一気に跳ね上がる。お金をかけられない場合は、**合成皮革でもいい**だろう。
気をつけたいのが、ブランドのロゴやマークが目立つもの。いかにもブランド物ですと言わんばかりのものは極力避けよう。

「自立するバッグ」かどうかは、重要なポイント

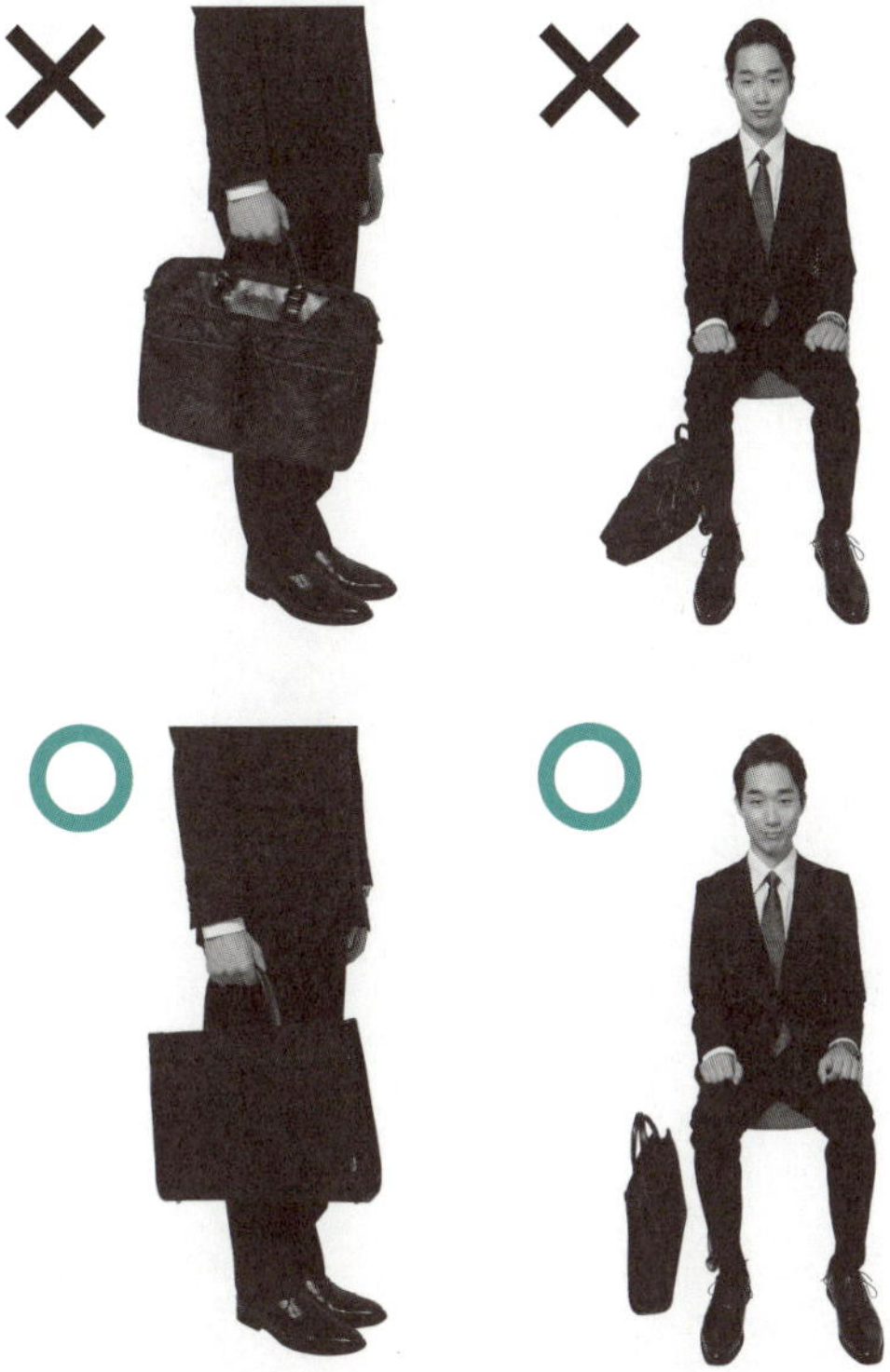

×のような素材がやわらかく、幅が広いバッグはどうしてもカジュアルな印象を与えるので、スーツスタイルやフォーマルな面接にはふさわしくない。
そして面接では、バッグは床に置く。
だから、○のように床に置いて自立するものが望ましい。

男子靴は、ちょっとした形の違いが大きな差に

スーツや髪型には気をつかうが、足元の靴はボロボロ。そんな学生が少なくない。見た目のインプレッションにおいて、靴が与える影響は想像以上に大きい。

絶対内定 男子靴選び 5つのルール

1. 基本の色は黒。黒の革靴
2. ひも靴であること
3. ウッドかレザー調の靴底
4. トゥ（つま先）が少しとがっているもの
5. 1万～2万円で買えるものでOK

茶色やえんじ色の靴はカッコよく見えるかもしれないが、ここでは黒だ。そしてひも靴がいい。

1万～2万円で、それなりの靴がある。探してみよう。

また、忘れてはならないのは、**しっかり磨いてある**こと。新品でなくとも、丁寧に磨かれた靴は美しい。手入れがきちんとなされていると、与える印象も変わる。

靴は少しトゥのとがったものを。靴下も黒

×

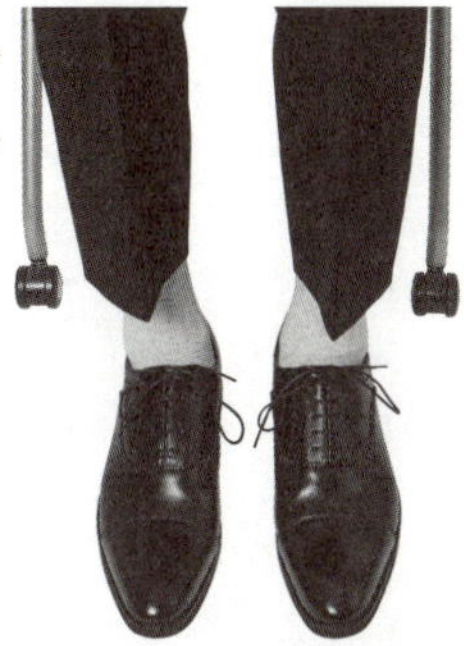

×

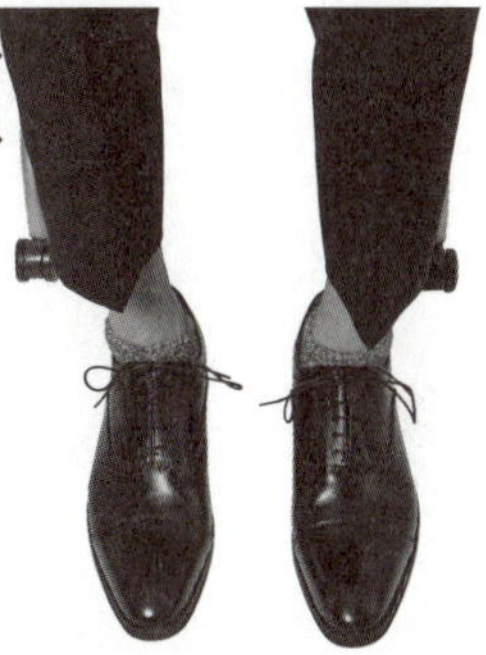

○

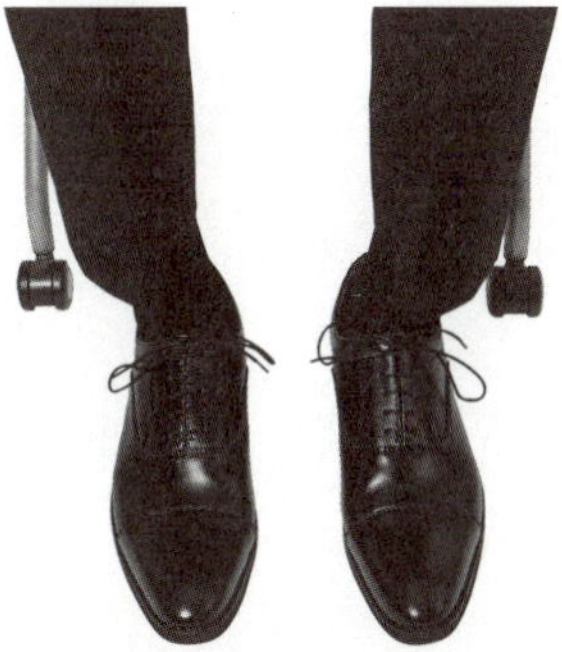

靴底はウッドかレザー調のほうが、品があり知的だ。
靴下は黒。白やグレーではなく、黒でいこう。
短いスニーカーソックスはNGだ。
座ったときにスネ毛が見えないように、ハイソックスがいい。

男子髪型は、マットよりもウエットで決めよ

髪型で大切なのは、**清潔感**。ボサボサの髪ではマズイ。ビシッとスタイリングしよう。その際、ウエット系ジェルなどを使うと、濡れた感じになる。そのほうが、フォーマルな場にふさわしい。

絶対内定 男子ヘア 7つのルール

1. 前髪を上げて額を出す
2. 耳にかからない長さ
3. 長過ぎない襟足（服の襟にかからない程度）
4. ウエット系ジェルでスタイリング
5. サイド（横の髪）が広がらないように後ろへ流す
6. 基本は黒髪
7. もみあげは、基本は耳の穴と同じくらいの位置でカットする

髪が長い人は、思い切って切ってみよう。長髪よりも短髪のほうが、ハツラツとした印象、力強い印象が出せる。かといって坊主頭までいくと少しやり過ぎだ。ベリーショートぐらいに留めよう。

ウエットなスタイルで。眉は少しだけ整える

○のほうが、断然りりしく見える。ウエットなヘアで、フォーマル感が出る。
サイドを押さえることで野暮ったさがなくなり、スッキリ感が出る。
眉は余分な毛を軽くカット、後はブラッシング程度でOKだ。
※ちなみにモデルの学生の髪と眉は一切カットしていない。
スタイリングの違いだけである。

女子スーツは、全体的に大きめを選びがちなので注意を

与えたいイメージは、やっぱり「知的」「信頼感」「品の良さ」「大人感」。

女子のリクルートスーツは、もともとゆったりしたサイズ・形のものが多い。だからこそ、**少しタイトなもの**を選ぼう。

絶対内定 女子スーツ 6つのルール

1. 上・下ともに少しタイトなものを
2. ボタンは「2つ」
3. 色は「黒」（「濃紺」も可）
4. 柄は「無地」（「うっすらストライプ」も可）
5. 素材は「シワになりにくいもの」
6. 徹底したサイズ合わせ

女子もスーツを買うときは、最低5着は試着すること。

試着することではじめて、自分の体に合うスーツがわかる。面倒がらずに必ず試着を。

肩の位置、丈、襟と裾の広がりetc.
体に合っているかチェック

同一人物とは思えないほど、印象が違う。
×は、スカートのサイズが大きいため少し幼い印象、
ブラウスの襟の広がりから、少しさえない印象になっている。

女子スカートは、タイトなものを。丈はひざが少し出るくらいに

就活生の定番、「台形スカート」。就職活動といえば、ほとんどのお店でこれをすすめてくる。だが基本は、**タイトなスカート**がいい。

もし見つからなかったら、もしくはすでに買ってしまっていたら、ぜひとも「お直し」を。**スカート幅を左右1センチ詰める**だけでも、ずいぶん変わる。

絶対内定 女子スカート選び 3つのルール

1．ウエストがぴったりなものを
2．スカート丈はひざが出る程度のものを
3．スカートの裾が広がって見えないものを

これらの1つでも引っかかれば、必ずお直しをしてもらうこと。

お店の人は、長めの丈をすすめてくる。「ひざが隠れるぐらいがいい」と言ってくる。幅については何も言わないだろう。だからこそ、自分で「もっと詰めてください」とリクエストしよう。

丈だけでなく、
幅を1センチ詰めるだけで印象が激変

×と○の写真、明らかにスカートの印象が違うだろう。
×を見るとサイズがブカブカで少し野暮ったい。
もうワンサイズ小さくていい。

女子シャツとインナーは、襟の広がりに注意

シャツの襟をビローンと広げてジャケットの外に出す「女子リクルートスーツの定番スタイル」（左ページ写真上）。これをなんとかしたい。

シャツの襟はあまり広げず、立ち上げる。

このほうが立体的に見えるし、スッキリする。

絶対内定 女子シャツ&インナー選び 5つのルール

1. とにかくサイズが合っていること（特に肩）

2. ボタンダウンやクレリックシャツは避けるべき

3. 色は「白」が基本

4. 「薄いブルー」「薄いピンク」「うっすらストライプ」も場合によってはあり

5. 思い切ってカットソーにも挑戦してみよう

カットソーにすると、大人っぽくなる。頼りがいが出る。プロフェッショナルな印象を与える。

総合職希望ならぜひ着るべき。最初は勇気がいるが、一度着ると必ず慣れる。カットソーを着る場合、カジュアルになり過ぎないように、少し光沢のある素材がいい。

シャツではなくカットソーでもOK。ただし素材に注意

シャツの襟を広げない。

襟は自然に立ち上げる。
カットソーを着るときは、多少光沢のある素材を。
色は白かオフホワイトで。

パンツスーツで行こう

思い切ってパンツスタイルはいかがだろうか。

スーツ売り場の人も、キャリアセンターの人も、マナー講座の先生も、みんな無難なスカートをおすすめする中、きみはパンツスーツで勝負してみないか。

パンツなら**アクティブでアグレッシブなイメージ**を与えることができる。品の良さや知性もアピールできる。

したがって、「できる人材」という印象を与えやすい。

加えて、パンツスーツは圧倒的に動きやすい。

そして、いまやほとんどの業界・企業が、パンツスーツだからといって気にすることはない。

さあ、きみならどうする？

総合職、キャリア志望なら、迷わずパンツスーツで

見てわかるとおり、パンツスーツは「仕事ができそう」という印象を与える。
バリバリの総合職を狙う人や
キャリア志向の人は、パンツスーツを選ぼう。

女子バッグは、肩に掛けないタイプを選ぶ

就活バッグにはたくさんのものを入れる。つい肩掛けタイプのバッグを選んでしまいがち。商品としても、圧倒的に肩掛けタイプが多い。しかし、たくさんものを入れて肩に掛けたら、確実にスーツがシワになる。だからこそ、手さげタイプのバッグを選びたい。

絶対内定 女子バッグ選び5つのルール

1. 色は黒
2. 素材は本革、もしくは合成皮革
3. 肩掛けタイプではなく手さげタイプ
4. A4サイズが余裕で入るサイズ
5. シンプルなデザイン（華美なものはNG）

意外と見落としがちなのはサイズ。A4の書類を一回り大きな封筒に入れたものが収まるサイズがいい。会社案内など少し大きめの書類があっても対応できるように。

ブランドのロゴやマークが目立つものは避けるべき。いかにもブランド物ですと言わんばかりで、少し鼻につく。面接官によっては生意気と感じるかもしれないので注意を。

バッグは黒。
肩掛けは絶対NG

上の写真のように肩に掛けると、スーツにシワができる。

素材はできれば本革製。お金をかけたくなければ合成皮革でもいいだろう。

女子靴は、5～7センチの黒いヒールを

「歩き回るからストラップつきのパンプスがおすすめ」

「疲れにくくするために、低めのヒールで」

一般的にはそう言われているが、見た目という観点からぜひ言わせてほしい。「違う」と。

絶対内定 女子靴選び 5つのルール

1．基本の色は黒。黒のパンプス
2．ヒールは5～7センチ
3．ストラップのついていないもの
4．トゥ（つま先）が少しとがっているもの
5．1万～2万円で買えるものでよい

履き慣れていれば、少し高めのヒールがいい。足がきれいに、長く見える。ストラップもないほうが足は長く見える。トゥが少しとがっていると、シャープで大人な印象だ（とがり過ぎは逆にNGなので、気をつけること）。

トゥのややとがったものを。ストッキングは自然な色で

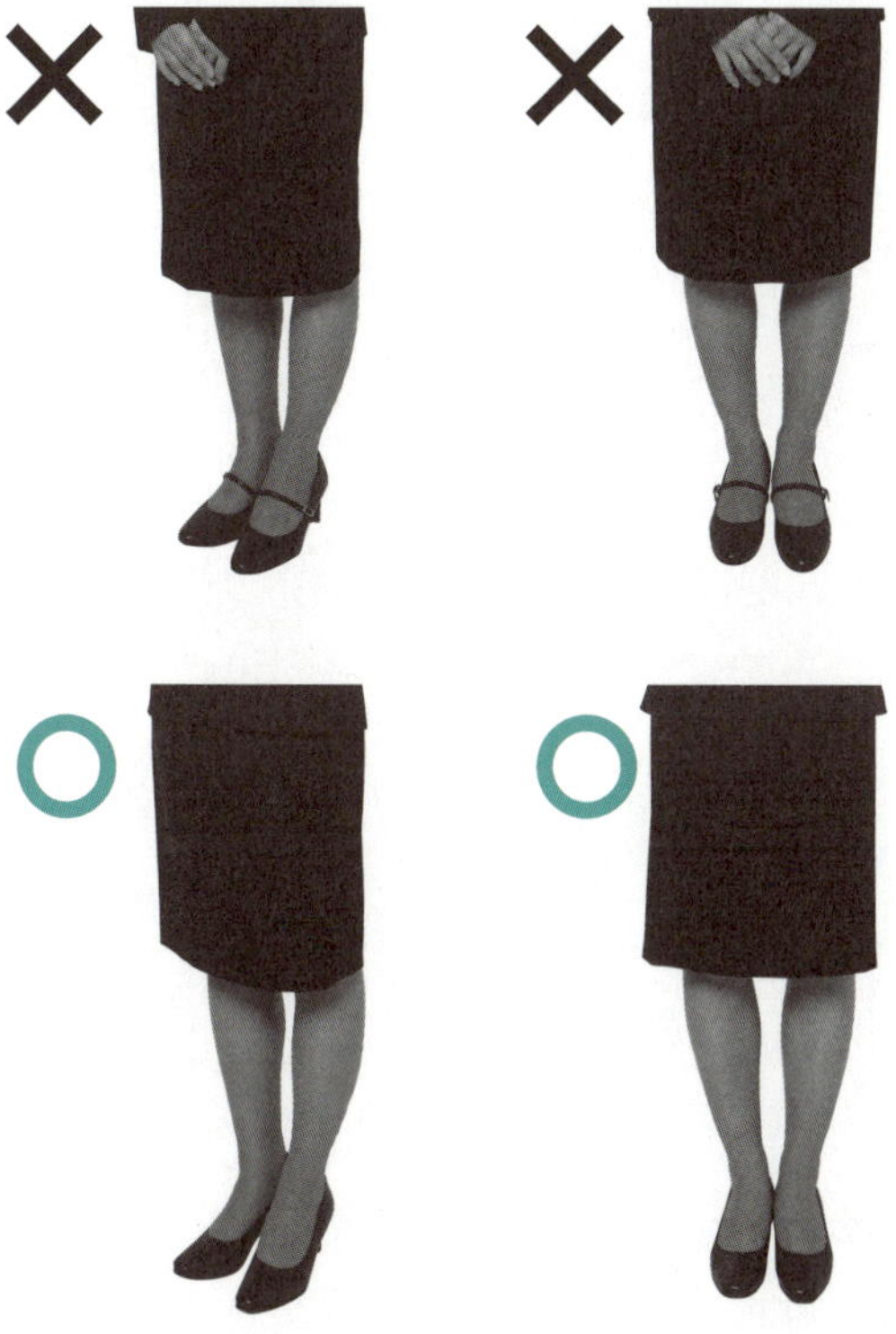

トゥが丸いと、幼さを感じる。
ストッキングの色についても、白が強くなると、子供っぽい印象となる。
なるべくナチュラルな色を選ぼう。また、いつ伝線するかわからない。
必ず替えを持っておくように。

女子髪型は、顔を見せることがポイント

髪型だけで本当に印象は変わる。ショートでもミディアムでもロングでも、女子の髪型で、絶対に守ってほしいことは、次のとおりだ。

絶対内定 女子ヘア 7つのルール

1. 前髪が目にかからないように
2. 前髪を横に流して、額を出す
3. サイド（横の髪）は必ずスッキリさせる
4. おじぎをしても髪が垂れてこない髪型
5. 髪が長めなら、ハーフアップか少し高めのポニーテール
6. 基本は黒髪
7. 面接中は、髪の毛には触らない

少し高めのポニーテールを作る際、頭の上と下に2つのポニーテールをいったん作って、下のポニーテールを上に合体させるとうまくできる。巻き髪（ゆる巻きも含む）は、あまりやらないほうがいい。

アップの場合も下ろす場合も、サイドをすっきり、額も出す

×

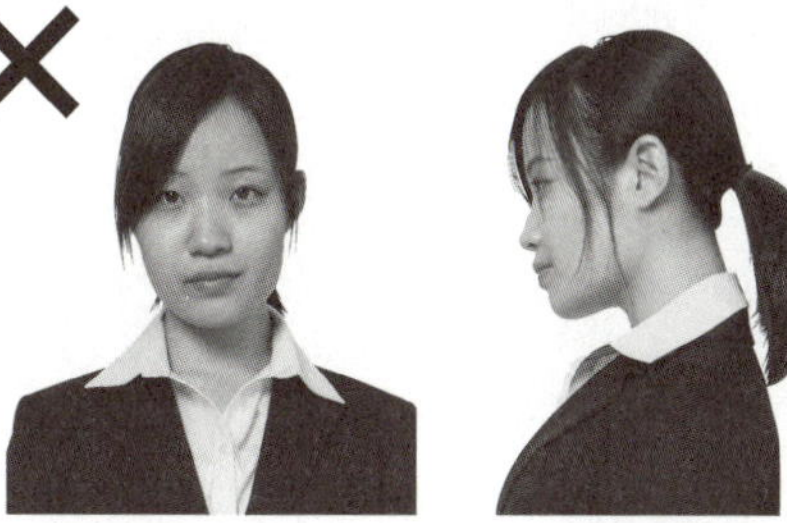

前髪が目にかかっている。どこか暗く、内気な印象。

○

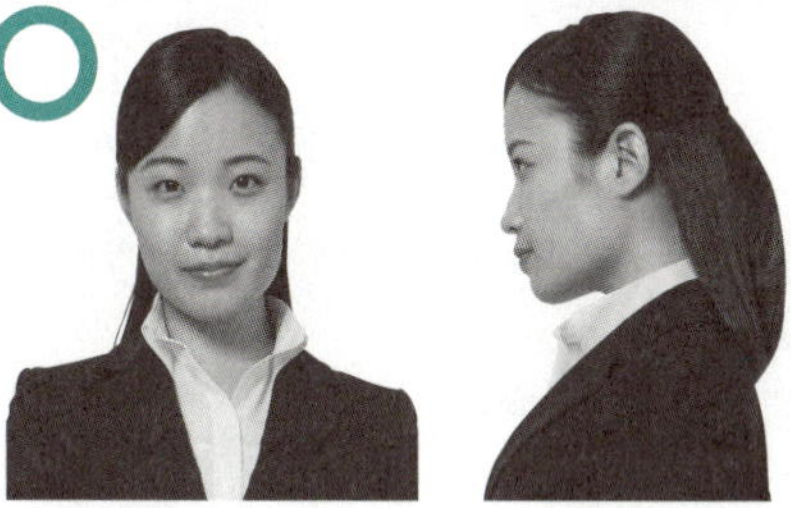

前髪を横に流して少し額を出した。サイドをスッキリさせるため、ハーフアップに。

○

後ろを持ち上げて少し高めの位置でポニーテールに。

オンライン対策 その3

オンライン面接対策についてのQ&A

Q PCもしくはスマートフォンのどちらを使うのがいいか？

A 面接官と画面共有することがあるので、PCがいい。
スマートフォンだと画面が小さく、資料が見づらくなってしまう。

Q 面接官の音声が聞き取りづらい場合はどうしたらいいか？

A 面接の冒頭で、面接官が音声や映像に問題がないかを確認してくれることが多い。ただ、面接の途中で乱れてしまう場合もある。聞き取れない場合や電波の状態に問題があるときには、遠慮なく伝えよう。聞こえていない状態で面接を続けるほうが、リスクがある。この問題に限らず、わからないことを聞いたり、確認したりすることが面接では大事だ。

Q ウェブカメラをオフにしているときに、どんな写真を選ぶべきか？
写真でないほうがいいか？

A 自分の名前が表示されるようにしておくといい。
その場合は漢字だけでなく、読み仮名も表示させよう〈例：藤本健司（ふじもとけんじ）〉。
写真の場合は、就活用の証明写真で使っているものを設定しておく。あえて話のネタになる写真（アルバイト先や趣味）を利用してもいいだろう。もちろん、面接や就職活動という場をわきまえることを忘れてはいけない。

Q 家では集中できない。外出先から面接を受けてもいいか？

A 周りがうるさくない場所であればいい。
ただ、カフェやレストランからの参加は控えよう。騒がしくなったときに、お互いの音声が聞き取りづらくなることがあるため、いいことがない。
まずは、家で面接を受けるスペースや通信環境を整えよう。同居している家族がいる場合には、あらかじめ面接の時間を伝え、協力してもらえるようお願いしよう。面接のあいだは静かにしてもらい、途中で誰かが入ってくることがないようにしよう。

Chapter 8

グループディスカッション(GD)対策

近年、採用面接の選考プロセスで必ずと言っていいほど
組み込まれるようになったグループディスカッション(以下、GD)。
ここでは、その全体像から攻略法までを解説する。
GDは、通る人はいつも通る。きみもしっかりと対策して
「GDは大丈夫」と思えるようになろう。

GDとは何か。何を見られるのか

グループディスカッションとは、「優秀な社員とは何か」「幸せの定義とは何か」など正解のないテーマについて、4〜6人のメンバーで議論するというもの。

制限時間は30分程度で結論を出し、最終的に代表者1人が採用担当者に向けて発表する形が多い。

正解のないことを議論するため、ディスカッションが進むほど、考えなければいけないポイントが次々と見つかる。制限時間ギリギリで学生はあせってしまい、議論はどんどん混沌としていく。次第に学生たちの「素の状態」があらわになってくる。

だからこそ、**企業は学生の人間性をしっかりと見ることができる**のだ。

この後も繰り返し説明するが、GDの重要なポイントは「チーム全員の英知を結集して、最高の議論をする」ことだ。**協力が基本。**敵対することではない。「全員受かる」か「全員落ちる」か、どちらかになるケースが多いと聞く。これを頭に入れて読み進めよう。

実際に出された グループディスカッションのテーマ

商社	未来の食料問題を解決するビジネスモデルを考えよ
銀行	A、B、Cのうち、商業施設をつくるための用地取得に適しているものはどれか ※同時に資料が配られる
保険	歩きスマホをなくす方法について議論せよ
コンサル	最新のIT技術を用いて、働きやすい環境を考えよ

※学生への調査を基に作成

業界に関係するテーマが出される。日頃から志望業界に関連するニュースをチェックしておこう

GDには「役割」がある

必ず決めなければいけないわけではないが、次の役割を決めてから開始すると、スムーズに議論が進む。

1．司会

積極的に意見を述べつつ、周囲の意見をまとめる。制限時間内で結論に導くことが求められる、難易度の高い役割だ。リーダーシップを発揮できるが、失敗すると全員の結果に影響が出る。

2．書記

みんなの発言をメモする役割。このメモは最終発表の準備の際に、考えをまとめるのに役立つ。ただし、メモに集中し過ぎると、自身の発言回数が減るので要注意だ。

3．タイムキーパー

時間を管理する役割。何に、どれくらいの時間を割くかを議論の最初に全員で決定し、そのとおりに進行するように適切なタイミングでアラートをする（声をかける）ことが求められる。

4．発言者

話を前に進める役割。アイデア出しやアイデアを深掘りする。全員が意見を言いやすい雰囲気を作る、重要な役割。

GDの代表的な4つの役割

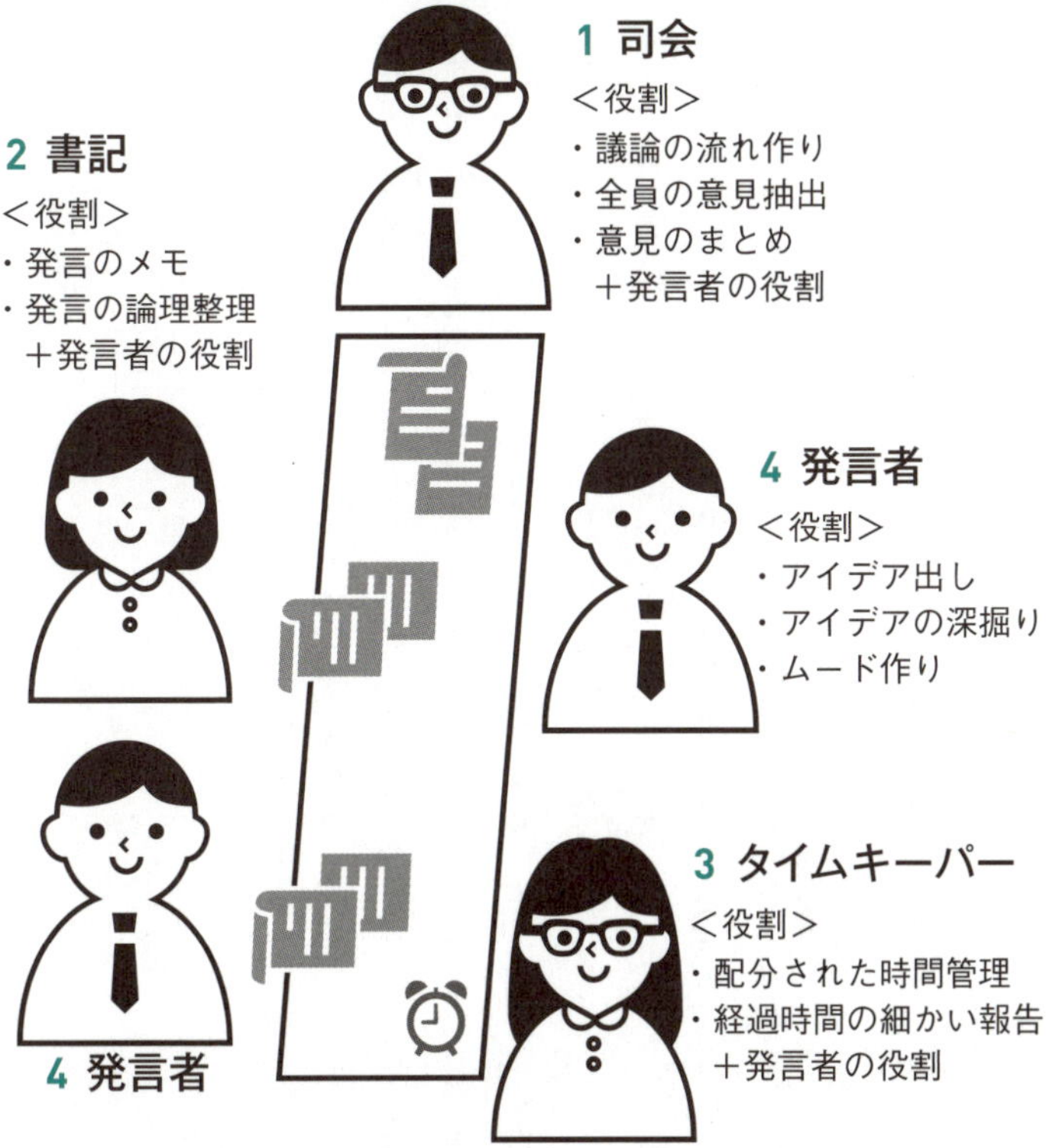

どれが「有利」ということは「ない」。
自分が「貢献できる」得意なポジションに積極的に就く

議論を混沌とさせるためにあえて「役割を決めないでください」と人事が言うケースもある。心に留めておこう。驚かないように

GDの基本的な流れ

一般的な流れを紹介しよう。

1. 役割の決定：議論の最初に決定する。

2. 時間配分の決定：制限時間内に何の議論にどれだけ時間を使うかの決定。

3. 前提確認：議論の目的や自分たちが誰（どんな立場）なのかを確認し認識をそろえる。

4. 定義付け：出されたテーマの重要な言葉について定義する。例えば「優秀な社員とは」の場合、「社員とは誰を指すのか」「誰にとって優秀なのか」や、社員とは「新入社員」なのか「営業社員」なのかを定義付ける。これによって、その後に議論すべき内容がまったく変わってくる。

5. アイデア出し：全員で行い、多くの意見をグループから集める。

6. アイデアの「まとめ」：出てきたアイデアの中から発表するものを選定する。そして、もう少し議論が必要なものや、グルーピングできるものなどを選び、発表しやすいよう言語化や論理構築を進めていく。ここで議論の目的の確認が役立つ。前提確認は必ずやっておこう。

7. 発表の準備：発表者がスムーズに発表できるよう、全員で協力し合う。

GDの基本的な流れ
（30分の場合）

1.役割の決定	1分
2.時間配分の決定	2分
3.前提確認	3分
4.定義付け	3分
5.アイデア出し	12分
6.アイデアの「まとめ」	6分
7.発表の準備	3分

ここが重要（1〜4）

「チーム作り」と
「ムード作り」を。
最高の議論にするために
「役割分担」と
「前提確認」、
「定義付け」を行う

ここが重要（5）

良質なアイデアを抽出する。
「全員」から発言を集めること

ここが重要（6〜7）

発表に使えるアイデアの
「選定」と、それの「論理構築」を
する。「発表者」の発表練習

全員の英知を結集して「最高のムード」で
「最高の結論」を導き出すこと！

GDで議論が進みづらいときの対策

前のページで説明した「定義付け」のように、抽象度の高いテーマを議論するときに有効なメソッドを2つ紹介しよう。

1．条件付け

例えば「ジョギング人口を6倍にするためにはどうしたらよいか」というお題が出されたとしよう。これを定義付けするとしたら「ジョギングをする人とは、どんな人か」。例えば「週に3日はジョギングをする人」と定義付ける。しかし、これだけだと、まだ抽象度が高い。

このとき、さらに条件をつけていくと具体化する。例えば「皇居周辺を走っている人」という条件をつけるとどうだろうか。さらに「丸の内で働く20代の女性」という条件をつけると、さらにイメージがわくだろう。

条件は1～2つ程度がよい。それ以上つけると、ターゲットが絞り込まれ過ぎて視野が狭い議論になってしまうので注意したい。

また、自分たちは誰なのかという視点も重要だ。スポーツメーカー社員なのか、厚生労働省の官僚なのか、広告代理店の担当者なのか。それによって目的や手段が異なる点を意識しよう。

2. テーマの逆を考える

制限時間内に、思った以上に議論がテンポ良く進むことがある。

「残り5分あるけど、もう結論出ちゃったね」と、グループの仲間と手持ち無沙汰になる。

ほかにも、議論はしっかりと進んでいるが「何か別の視点があったほうが、より良い議論になる気がする」というときがある。

そのようなときにオススメなのが「テーマの逆を考える」ことだ。

例えば「優秀な社員とは」と出されたら、「優秀じゃない社員とは」と考えてみるのだ。「ジョギング人口を6倍にするためには」であれば、「増えないとしたらなぜか」と考える。

この視点を持って議論をしているチームは意外と少ない。きみのチームの議論の質をグッと高めるチャンスだ。残りの制限時間と相談しながら、ひと工夫を入れてみよう。

GDで見られている2つの能力

GDでは「個人の能力」と「チームプレーの能力（対人能力）」が見られている。

個人の能力とは、「論理性」「思考力」「知識」「議論を展開する力（構成する力）」のことだ。

次のポイントで評価されている。

□独自の切り口でアイデアを出せるか
□発言の中身から引き出しの多さを感じるか
□議論の流れを作るような提案ができているか
□議論の矛盾点に気づくことができるか

チームプレーの能力（対人能力）とは、全員で通過することを目指す力のことだ。

「リーダーシップ」「フォロワーシップ」「傾聴力」「対人関係力」「他者を生かす力」「盛り上げ力」があるかを見られている。

次の行動ができているかをGD中にチェックされている。

□その場の議論を引っ張ろうとする姿勢があるか
□誰かが引っ張ろうとしているシーンでは、貢献に徹することができるか

□「場を盛り上げる」など、短い時間で人間関係を構築できるか
□発言回数が少ない人に質問をふるなど「全員で協力する」意識があるか
□対立意見が出されたときに意見調整ができるか
□自分の意見が否定されても感情的にならずに議論を進めていくことができるか

この限りではないが、これらのポイントできみの能力や人間性が見られている。「個人の能力」は育てるのにやや時間がかかるかもしれないが、「チームプレーの能力」は意識しだいで今日から劇的に改善することができる。

また、これらの能力を身につけるためにも、サークルやアルバイト、ゼミなどで行われる会議の場でこれを意識するのだ。正解のないものに対して議論するという点で会議とＧＤは同じだ。日々の会議で貢献度が高い人はＧＤで落ちないのだ。

GDではどのような姿勢が評価されているのか

では、前のページで紹介した能力は、どのような場面で評価されているのだろうか。いくつか紹介していく。きみはできているだろうか。

あまりに基本的なことも含まれているかもしれない。それでも、できていない人が驚くほど多いのも現実だ。今一度、振り返ってみてほしい。

□人の話を聞く姿勢

きみは人が話しているときに、笑顔で聞いているだろうか。相づちやアイコンタクトなどはしっかりとできているだろうか。自分の意見を言うことに必死になり過ぎると、笑顔がなくなる。また、メモを取ることに必死になり、発言者の方を見なくなる。自己中心的な人のイメージを与えてしまう。人の性格は、人の話を聞く姿勢に出る。

□人の意見を肯定する姿勢

誰かの発言を安易に否定しない。まずは肯定する。議論の中で活かせるものがないかを常に検討する。人によっては議論に苦手意識がある。発言するのにとても勇気が必要なことだってある。もしかしたらきみが「それは違う」で一蹴してしまったことによって、その人は発言をすることを恐れてしまうかもしれない。まずは受け止める包容力が欲しいところだ。

□盛り上げる姿勢

きみが参加するGDはいつも盛り上がっているだろうか。良いアイデアとは、良い空気から生まれる。笑いがあるチームや、お互いの意見を尊重できる空気、停滞した議論に風穴をあけるためにやや間抜けなアイデアも言えるような雰囲気のあるチームこそが「良い議論をしているチーム」に見える。そのためにも、きみが率先してその空気を作りにいく。「いいね！」と人の意見を肯定する、間抜けな意見をあえてちょっとだけ言う。それで笑いを提供する。みんなが意見を言いやすい空気を作る。

□人に意見を求める姿勢（全員で活躍する意識があるか）

常に意識してほしいことは「全員」が議論に貢献したかどうか。1人でも「発言していない状態」を作っていないか。常に気を配るのだ。

自分が議論に貢献できたことへの満足感や、全体としては盛り上がっていること。議論の中身がそこそこ良いことで満足してはいけない。きみが本当に優秀なのであれば「全員」が活躍することにこだわるのだ。

発言できていない人がいたら、「○○さんのバイト先にそういう人いる？」や「○○さんのサークルでこのテーマに当てはまる人いる？」など答えられそうな質問を投げかけ、参加を促そう。

評価ポイントが異なる2種類のGD

GDが実施されるタイミングは2種類ある。
選考初期の**1次面接**で開催されるケースと、選考終盤の**最終面接の直前**で実施されるケースだ。
前者は**「チームプレーの能力」**を中心に見てくる。きみがGDを通して良好な人間関係を構築できるか、適宜効果的な発言を繰り返しながら、その場に貢献できているかが見られている。1次面接は、参加学生の能力もさまざまだ。書類選考だけでは見えてこない対人能力を見ている。どれだけ書類でチームプレーをアピールしていても、実際のGDを見れば一目瞭然だ。
一方後者は**「個人の能力」**を見ている。最終面接の直前ということもあり、参加学生のレベルは高い。学生時代に何かを成し遂げてきた人が多く、そのプロセスでチームプレーを経験している。対人能力はみんな高い。その中できみは周囲に貢献しながら、議論を進めていく必要がある。ほかの学生と比べても十分に優秀な印象を与える必要があるのだ。このGDは実務に近いことが多い。**仕事の理解度も同時に見られている。**

GDが行われるのはいつ？
何次面接かで、見られるポイントは違う

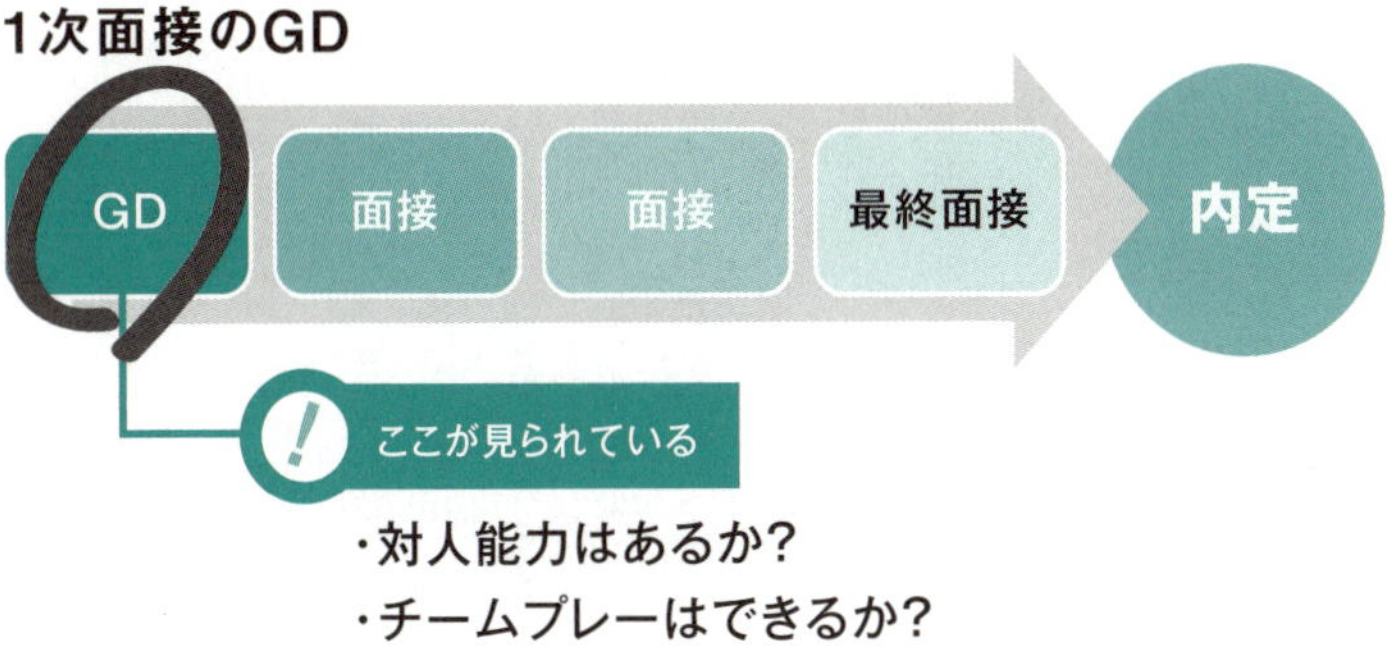

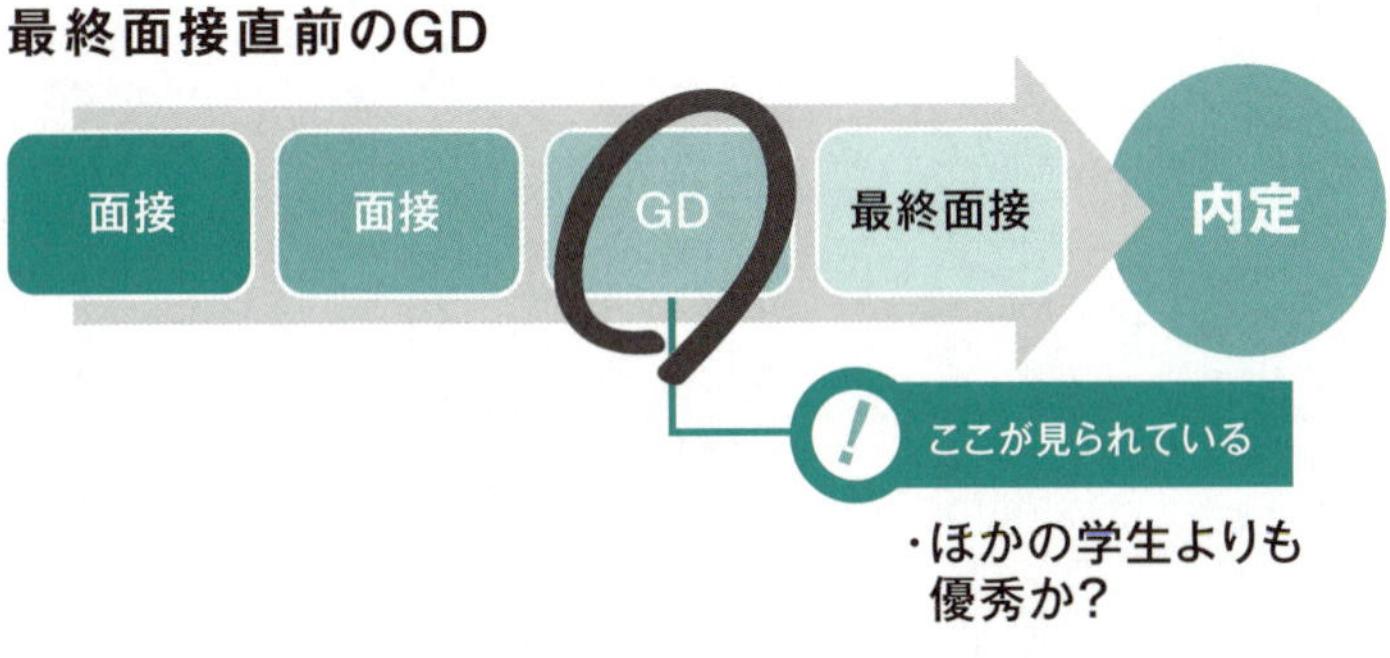

GD参加中に常に意識してほしいこと

GDの重要なポイントは、「チーム全員の英知を結集して、最高の議論をすること」だ。すでに伝えたとおり、協力が何よりも大切。敵対することはおすすめしない。

全員で協力し合っているチームは、議論の中身、雰囲気、結論、発表のすべてが質の高いものになる。結果、**参加しているすべての人が優秀に見える**。当然、「全員の選考通過」の可能性は高まる。

一方、敵対し合うとどうなるか。議論は停滞し、殺伐とした空気になる。結論は誰かが強引に決めたものになり、発表もその人の独りよがりなものになる。すべてのメンバーが自己中心的な人物に見えてしまい、全員、選考で落ちる可能性が高まる。

協力し合うためにも、議論の各ポイントで意識しておくべきことを左ページにまとめた。個人の能力に自信がなくても、これを意識するだけでGDの通過率はまったく変わってくる。

GDで意識してほしいこと

議論の流れ	これを意識しよう
開始前	話しかける。仲よくなっておく。その後のGDの雰囲気がよくなる
1 役割の決定	役割には固執しない。どんな役割でもチームへの貢献を考える
2 時間配分の決定	議論の流れを意識して、タイムキーパーに管理をお願いする
3 前提確認	議論の目的や自分たちが何者かについて「全員」が一致するように
4 定義付け	「『全員』が意見を言えそう」な定義付けを行う。議論を活発にするカギだ
5 アイデア出し	仲間の意見を肯定する。盛り上げる。自分も短く、多く、発言する
6 アイデアの「まとめ」	論理性を重視する。主張の「盲点や矛盾」を「全員」で検討する
7 発表の準備	発表者の思考が整理されるように、「全員」で「全力」で応援する

「全員」で「協力」して結論を導くことを強く意識しよう

GD当日に向けて準備するべき3つのこと

1. 情報収集する

GDはその業界に関係のあるテーマが出されることが多い。自分がチームに貢献するためにも、自分がその業界に興味があることを伝えるためにも、最低限のことは調べておきたい。日々チェックしておくべきものは次の4つだ。

①業界のビジネスモデル（どうやって利益を生み出しているのか）
②業界の直近のニュース
③そのニュースが今後、その業界に与える影響についての関連情報
④業界のニュースで頻繁に出てくる専門用語

また、前年のインターン本選考で出されたテーマのチェックもしておきたい。

例えば「当社が海外進出するにあたり、最適な国はどこか」などが出題された場合、これらの情報を持っているだけで、チームに貢献できる情報提供やアイデア出しが可能になることは、容易に想像できる。

2. 場数を踏む

議論に参加できる場所に積極的に参加しよう。

次に挙げる場は、GDに近い状況が頻繁に発生し、きみの成長のためにも価値のある場になる。

自分に残された時間と、それぞれの活動内容を理解した上で、興味のあるものには挑戦してみよう。

□ディベートなどの授業を積極的にとる
□サークルやアルバイトの会議に積極的に顔を出す
□ビジネスプランコンテストに参加する
□GDセミナーなどの場に積極的に参加する

GDは、通る人はいつも通るし、落ちる人はいつも落ちる。これは、その日までにその人が積み重ねてきた会議の場数に関係がある。挑戦あるのみだ。

3. 意識を変える

GDが得意な人の共通点を挙げておこう。少し乱暴だがこの2つが共通点だと思う。

まずは、これらを意識しながら会議に参加してみよう。

①話すこと以上に、聞くことに意識を向ける

ＧＤが得意な人は、ほかのメンバーが発言しているときの姿勢も素晴らしい。次のことを意識して日頃の会議に参加しよう。「相手の目を見て話を聞く」「適度に相づちを打つ」「前ノメリの姿勢」「人の意見に肯定的な反応をする」「対立する意見も素直に聞く」

②議論を常に自分が引っ張る意識を持つ

会議の際に次のことを意識しよう。気づいたらＧＤが得意になっているはずだ。「発言の回数を増やす」「進行役を買って出る」「対立意見を調整する」「議論が脇道にそれたら軌道修正する」「行き詰まった際に突破口を作るアイデアを発信する」「場の空気を明るくする」「書記の役割を積極的に果たし、議論に貢献する」

GD当日に向けて準備してほしい3つのこと

1 情報収集する

・業界のビジネスモデルを理解
・ニュースを読む
・専門用語を調べる

2 場数を踏む

・ディベートの授業
・サークル、アルバイトの会議
・ビジネスプランコンテスト
・GDセミナー

3 意識を変える

・聞くことに意識を向ける
・議論を引っ張る意識を持つ

日々の積み重ねでGDはうまくなる。
今日からこの3つを実践しよう

Column

GDについてのQ&A

Q 周囲に圧倒されてしまったときは、どうすればいいか

A これは実によく聞く。コンサルや超難関企業のGDには、学歴も人格も知識面でも驚くほど優秀な学生が参加する。

大切なことは「GD当日に向けて準備するべき3つのこと」（242ページ）に書いておいたので、まずはそれを実行してほしい。

加えて、**議論を「聞く」ことに集中する**ことが大切。

どれだけ優秀な人たちも、議論に熱中するとかを見落とす。よくあるのは、そもそもの議論の趣旨からズレていく、結論を導こうとするときに矛盾が発生する、見落としている視点がある、などだ。社会人の会議でもよくある。常に議論を客観的に観察することを心がけて、気づいたことがあれば、そこに関して発言する。知識面や論理展開の速さなどで対抗しようとしないことが大切だ。

Q クラッシャーがいた場合、どうすればいいか

A「自分の意見を徹底的に押し通そうとする」「とにかく周囲の意見を否定する」人のことをクラッシャーと呼ぶ。就活を進めていく中で、ほぼ全員が遭遇するだろう。

その人を野放しにすると議論は破壊されてしまうし、雰囲気も悪くなる。なんとかしたいところだ。

やってはいけないことは「敵対すること」だ。きみがその人に対して「ほかの人の意見も聞こうよ」などと言ってしまうと、大変なことになる。きみとクラッシャーの戦場になり、ますます状況が悪化してしまうだろう。

では、どうすればよいか。

「ルールを作り、クラッシャーを落ち着かせる」というのがおすすめだ。

例えば「せっかくGDなので、誰かの意見とほかの人の意見が違った場合、全員に意見を聞いて、賛成意見が多いほうを採用しない？」や、「テーマについて、全員が必ず1個以上意見を言うのをルールにしない？全員の意見を聞いたほうが、いい議論ができそうだし」など、**暴走を止めるルールを作る**ことだ。全員を相手取ってまで暴れることは少ない。有効に作用するだろう。

Q 一切発言しない人がいたら、どうすればいいか

A「まったくしゃべらない」「小さくうなずいているだけ」「ひたすらメモをとっているだけ」の人がいる。

このタイプも就活の中で必ず出会うだろう。GDに強い苦手意識を持っている人がこ

うなる。本人もそれで良いなどとはまったく思っていない。ただ、なんらかの原因で発言ができないメンタル状況か、知識の限界なのだと思う。

その人に対して「何か意見ない？」と聞くのは、失敗する可能性が高い。

なぜなら、何を発言したらいいかわからないため、黙っているからだ。

であれば、**必ず答えられる質問**をする必要がある。

その人が経験していることから答えられるよう、水を向けるのだ。

「パン屋の売り上げを上げる」のようなテーマであれば、「よく行くパン屋はある？　その中でもっとこうなったらいいのに、とかある？」と聞く。「優秀な社員とは何か」であれば「アルバイト先で社員と話すことってある？　優秀だなって思うときってある？」など。このような質問であれば、答えられるだろう。

Q どの役割をやると、選考を通過しやすいのか

A **役割と選考通過の関係性はまったくない**と断言しておこう。

毎年、さまざまな噂が飛び交う。「司会役が一番リーダーシップを取りやすいので選考通過できる」「発表者が一番目立てるから通過する」など。

完全な誤解だ。

「司会役をやったが、ほかのメンバーのほうが優秀で、議論をまとめられずに選考で落と

された」という話をよく聞く。
発表者についても同じ。面接官に聞くと「発表はおまけ。結論に至るプロセスでいかに議論に貢献したかを見ています。発表をどれだけ上手にやっても、それだけで選考を通過することはありえません」という。当然だろう。

大切なのは**議論への貢献**であって役割ではない。「GDで見られている2つの能力」（234ページ）「GDではどのような姿勢が評価されているのか」（236ページ）で書いたことを注意していればいい。

オンライン対策 その4

オンラインGDの対策ポイント

コロナ禍をきっかけに増えたオンラインGD。対面との違いを理解し、良いパフォーマンスを発揮できるように準備しよう。

大事なポイントは3つある。

□スムーズな議論のためのルール決め

対面でも同じことが起こりえるが、ほかの人と発言のタイミングがかぶったときに、譲り合いによってタイムロスしないようにする。

次のようなルールを最初に決めておこう。

「最初の発言は名前順にする」「手を挙げてから発言する」

□場の雰囲気づくりをいっそう心がける

画面上では一人ひとりの表情が見えにくい。発言するときも、発言を聞くときも、表情や身振りは「普段の1.5倍」を意識しよう。

特に表情は、真剣になればなるほど固く、暗くなりがち。

常に口角をあげて明るい印象を維持し続けることを心がけよう。

□議事録でPCスキルをアピール

資料作成やPCでの情報共有に自信があれば、積極的に議事録を取ろう。

事前に、議論すべき項目を書いたフォーマットを、ワードやグーグルドキュメントで用意しておくのがポイントだ。それを活用すればスムーズに書記役になれる。テーマによって論点は変わるので、常に議論の本質が何かを意識しながら臨機応変に対応する。また、書記は発言の意図をくみ、必要なことだけを書く必要がある。それができないと、議論のスピードを遅くしたり、流れを止めたりしてしまう。考えながら素早くタイピングできるようにトレーニングをしておこう。

フォーマットに入れておく項目は次の通りだ。

①議論の目的　②自分たちが誰（どんな立場）なのか　③議論するポイント（課題や論点）　④結論に向けてのまとめ（評価など）

Chapter 9

社会人訪問対策

企業研究の意味でも、企業へのアピールの意味でも、
重要度が増している社会人訪問。
積極的にこれを行い、何を聞き、
どれだけアピールできたかで、その後の選考の合否にも影響する。
漫然とやってはいけない。ここに書いてあることを実行しながら、
しっかりと準備をして進めていこう。

社会人訪問とは何か

社会人訪問とは、企業研究の場だ。志望企業で働いている人に会って話を聞くことにより、説明会では聞けないことや、ネットで調べてもわからないことを知ることができる。さらには、お会いした方の「働く上で感じたこと（喜怒哀楽）」を伺い、自身が働くイメージをより鮮明にすることもできる。

ここ数年は、同時に、**非公式の「面接」の場**になっている。

訪問された社員が学生の印象なども会社に報告するよう指示されているところが年々増えている。社会人訪問のプラットフォーム（「ビズリーチ・キャンパス」など）に仕事として登録するよう、社員に指示している企業もある。選考の面接以外の場でも、しっかりと学生の能力や適性と向き合おうとしているのだ。

ある企業では、社会人訪問で評価が高かった学生だけを集めて、非公開のインターンシップや特別セミナー、選考の免除などを行っている。

また、ある超大手企業は、社会人訪問の評価が高い人と低い人とで明確に区別して、本選考の面接を進めている。**評価の高い人から順に面接枠を解放し、低い人に残りの枠を解放する**仕組みだ。となると、スタート時点で「選考の有利・不利」の差が歴然とついてしまうのだ。

つまり、ESを通過したとしても、社会人訪問の評価によって、大きくリードにもハンデにもなるのだ。それならばなおのこと、社会人訪問を自身の選考により有利になるよう活用したいものだ。社会人訪問が「面接」ならば、そこでしっかり自身をアピールし、「ぜひ一緒に働きたい」と思ってもらう必要がある。

このチャプターでは、社会人訪問を「面接の場」と位置付け、知っておくべきことと注意すべきことにフォーカスして解説する。

きみのちょっとした油断が原因で、社会人訪問が評価を下げる結果にならないように。しっかり評価を上げることで、未来の可能性を広げられるようにしたい。

「知っている」と「できている」は違う。本当にできているか、自問しながら読み進めよう。

社会人訪問ではどんな学生が評価されるのか

1．しっかり自分をアピールできる学生（記憶に残る話ができる学生）
2．企業研究ができていて、質問が鋭い学生
3．志望動機が明確で、「第一志望」であることが伝わる学生
4．社会人の会話を聞き、話を展開できる学生

社会人訪問では、質問すると同時に、自分をアピールする必要がある。
1～3は通常の選考と同じだ。
本選考のつもりで、しっかりと伝えよう。

気をつけたいのは、必要以上に「面接」として身構え過ぎてしまうこと。
どうしても自分が話すことに必死になってしまう学生が多い。
それでは残念ながら落とされてしまう。

また、**4**についてだが、社会人訪問は「聞く場」でもある。一問一答の会話ではない。彼らの話す内容をもとに、どれだけ会話を引き出すことができるか。または、盛り上げることができるか。

相手の表情を見ながら、熱を持って話してくださるときや、キラキラした表情をする瞬間を見つける。相手の信念や価値観に触れるチャンスだ。どんどん質問を繰り出し、話を展開させていこう。

きみがその会社で働くイメージを持つための重要な情報を次々と聞くことができるだけでなく、社会人の方も、話していて楽しいため、自然ときみに好印象を抱く。つまり、高く評価する可能性が高まるだろう。

社会人訪問は面接練習でもある

社会人訪問に慣れてくると、面接で落ちなくなる。

これは、今まで学生を指導してきて確信していることである。

社会人訪問に力を入れた学生は、大人との会話に慣れている。結果として、面接でも的確に答えることができるのだ。

例えば、大手広告代理店D社に入ったTくん。

彼は社会人訪問のたびに、先輩たちから「今日の僕の甘い部分を、考え方も、立ち居振る舞いもすべて厳しく指摘してください」とお願いした。

自分から申し出たものの、相当ズバズバと言われ、はじめた頃は落ち込む日々だった。

しかし、そこでめげないのがTくん。もらったアドバイスをノートに記録し、「次はどう伝えればいいか」「どんな知識をつけるべきか」「どんな質問をぶつけたいか」など、自分の甘さと向き合い、改善点を徹底的に洗い出していった。時にはくやし涙を流すこともあったが、日に日に成長していく様子が見てとれた。

そして、訪問した人数が30人を超える頃には、まるで別人のような落ち着きと、風格が漂っていた。話す姿勢、人の話を聞く姿勢、目つき、顔つき、そのすべてが洗練されていた。

「Tくんなら大丈夫だね」と、我究館コーチ全員が思った。

当然のように第一志望に内定した。

Tくんが素晴らしかったのは、年齢が近くて気楽に話せる20代、30代だけではなく、管理職世代である40代、50代とも積極的に会っていたことだ。

世代によって、雰囲気や考え方がまったく違う。

会話をするのも緊張するし、何を聞いたらよいのかもわからなかっただろう。多くの就活生が、世代が上の人たちへの訪問を敬遠する。そして、慣れていないその世代の方たちと、最終面接で会って、落とされてしまうのである。

ぜひTくんのように、練習の場として積極的に社会人訪問を行おう。

社会人訪問時の「4つの注意点」

細かいようだが、次のさらなるポイントも押さえておきたい。

実は、「会って話す」内容以外のところで評価がつけられることも多い。社会人としても大切なポイントだ。

1. 服装はスーツで

スーツで行こう。「普段どおりの服装」で、などと言ってくれることも多いだろう。それでも、時間をいただき、お話を聞く場だ。誠意を見せることは大切だろう。本選考と同じようにバッチリ決めていこう。社会人訪問と本選考を区別しない。社会人が自分のために忙しい中で時間を割いてくださっているのだ。髪型、スーツなど見た目をしっかりと整えて挑みたい。

2. お礼メールはすぐに送る

訪問した当日に、必ずお礼のメールを送ること。早ければ早いほど良い。翌日だと「ああ、面倒くさかったんだな」と思われてしまう。感謝の気持ちを行動で示すのは、基本の基本だ。

また、テンプレートのようなお礼メールを送る学生が多い。「ほかの人に送ったお礼メールのコピペなんだろうな」と思われてしまうものだ。それでは逆効果。しっかりとその日に聞いた具体的な内容に触れながら「○○さんが話されていた××が大変参考になり、今後の就職活動で活きてきそうです」のように、しっかりと何について感謝しているのかを伝える必要がある。

3．就職活動の進捗報告をする

「いよいよ、御社の選考が始まりました。精いっぱいがんばってきます」など、選考の進捗や結果なども報告しよう。人との関係を大切に。僕も今まで数十人の社会人訪問を受けてきたが、これがしっかりとできる学生は10人に1人程度。報告がないからといって、嫌な気持ちはしない（というより思い出すことが少ない）。けれども、報告があるとかなり好印象だ。「この学生に時間をとってアドバイスをあげてよかったな」と思わせてくれる。

4．訪問しておきたい企業と人数

志望度が高い企業に社会人訪問しないのは言語道断だ。本選考の面接官の手元に、受験者が訪問した社員の一覧があることも珍しくない。志望度が高い企業であれば、最低5人の社会人訪問を行いたいところ（理想は20人以上）。

また、人事の評価とは別に、きみが進路を考えるにあたり、社会人訪問は非常に重要だ。企業の「社風」を知ることができるのが一番だ。自分がどこの業界や企業に合っているのかがわかる。同じ業界でも「三菱、三井、住友」で社風は全然違う。どこの業界でも同じだ。複数人と会うことによって、自分がどこの企業と一番合うのかを肌で感じることができる。

5．質問する前に知っておくべきこと

大手企業で働いている人は自分の部署の仕事以外について意外と詳しくないことが多い。学生はその企業で働いているのであれば、どんな部署のことでも知っているはずだと思いがち。そのため、さまざまな部署について質問してしまう。そこで「ちょっとその部署のことはわからないな」といった回答をもらい、会話が続かなくなってしまう。そのような場合、「自分の志望部署のことが聞けないな」と気持ち的に盛り下がってしまう人もいる。

これではもったいない。

部署が違っても聞けることや感じるものはある。例えば「大切にしている価値観」「仕事のスタイル」「その会社のカルチャー」といったものだ。全部署に共通する「挑戦する人を評価する」という風土がある会社だとする。その会社の社員は、リスクを恐れずにどんどん自分から手を挙げて仕事を取りに行くだろう。その過程で、成功もあれば失敗もある。さらに感動的な物語もたくさんある。こういったことは、社会人訪問を通してでしか聞けないことだ。

6.「お会いしている人」その人にも興味を持つ

なぜその会社を選んだのか、その中で働いてみてどうか。何を感じたか、それはなぜか。今はどう思っているか。学生時代に戻るとしたら同じ会社を選ぶか。また、その人が何を考えて仕事をしているのか、何を哲学として持っているのか。何に悩み、どのように解決しようとしているのか。人は自分の働いている会社のことよりも「自分に」興味を持ってくれているほうが嬉しいものだ。お会いした方の人生の物語をしっかりと聞かせてもらおう。

7. 次の人を紹介してもらえるか

「社会人訪問のアポイントを取るのが大変」という話もよく聞く。

最近では社会人訪問専用のSNSなどもあり、以前よりもはるかにアポイントは取りやすい。しかし、僕は最強のツールを「紹介」だと思っている。

社会人訪問の最後に「〇〇さん、本日はありがとうございました。御社に対する志望度がますます上がりました。そこで、もしよろしければ、〇〇さんの同僚の方で××の部署の方がいらっしゃいましたらぜひお会いしたいのですが、ご紹介いただけませんか？」と聞いてみるといい。きみが誠意を尽くした社会人訪問をできているのであれば、きっと紹介してくれるはずだ。

もし「みんな忙しいからな～」のようにやんわり断られたら、きみには何か失礼があったのかもしれない。その人に「同僚に紹介すると迷惑をかけてしまう」と思わせている可能性がある。

また、きみが「素敵」だと思った方にはぜひとも紹介をお願いするといいだろう。社会人になると学生時代以上にイケてる人は、イケてる人と仲良くする傾向がある。活躍している人は活躍している人同士で会話をし、刺激を与え合う。つまり、素敵な人から紹介される人は素敵である可能性が高いのだ。

残念ながら逆もある。会社に不満を持ち、グチばかり言っている人は、同じような人とつるむ傾向がある。こういった人への社会人訪問を繰り返していると、企業の等身大の姿を捉えづらくなるばかりか、就職活動への意欲を奪われてしまうことにもなりかねない。

Chapter 10

リクルーター面談対策

事実上の選考となっているこの場をいかに乗り越えるかが、
選考の合否を決める。基本的には面接と対策は一緒だ。
ここではその概要と注意点を伝えておこう。

リクルーター面談とは何か

リクルーター面談とは、企業が行う非公式の面接のことを指す。現場社員が人事から依頼を受け、リクルーター（採用担当者）として、自社を志望している学生と面会し、学生の印象や評価を人事に報告するというものだ。プレエントリーや会社説明会などに参加した直後などに、リクルーターから連絡がくる。カフェやファミレスなどで待ち合わせ、1時間程度、就活の話をするといったものだ。オンラインで行われる場合もある。面接解禁日よりも2～3カ月前の時期に頻繁に行われる。「選考とは関係ない」などと言われることから、学生側はリラックスしてしまうことが多いが要注意だ。内容的には「面接」である。

リクルーター面談は、**銀行、保険、ゼネコン、メーカー**で頻繁に行われる。「面接」と同じ仕組みなので通過した場合は、次のリクルーターから連絡がくる。

企業によって異なるが、内定者は5人以上のリクルーターと会っていることが多い。中には10人を超える場合もある。実質の「面接」を複数回突破しているようなものなので、評価が高い学生は、面接解禁日に内定が出る。もしくは数回の選考を経て内定、という流れになる。

リクルーター面談でよく聞かれる質問は、次のようなものだ。

「学生時代に最も力を入れたことは何ですか?」
「企業選びの軸は何ですか?」
「当社の志望動機を聞かせてください」
「どんな仕事がしてみたいですか?」
「強みと弱みは何だと思いますか?」
「当社の課題は何だと思いますか?」

お気づきのように、「面接」と何も変わらないのである。

本番のつもりで準備をしておく必要がある。

ここで注意したいのが、本選考と違い、カジュアルな雰囲気で聞いてくることだ。たとえば、「学生時代に最も力を入れたこと」の聞き方なら「どこのサークルに入っていたの?」「ゼミはどこのゼミ?」「へえ、〇〇って、知り合いだよ!」「幹部とかやっていたの?」といった調子だ。

油断して、ついつい学生側もカジュアルな回答をしてしまいがちだが、適度な緊張感を保つようにしてほしい。

リクルーター面談時の「5つの注意点」

1．連絡をもらった時点で、選考が始まっていると考える

電話をする際の言葉づかいは大丈夫だろうか。最低限の敬語は使えるようにしておきたい。メールでやりとりすることが多いので、書き方のマナーを勉強しよう。宛名の書き方、文章の書き出し、敬語の使い方、署名の有無など、ビジネスパーソンの常識を身につけるのだ。「学生だから、できていなくても仕方がない」では、きみの評価は決して上がらない。「学生なのにしっかりしている」と好印象を与えるためにも、ビジネスマナーは押さえておきたいところだ。

2．服装も選考対象になる

「選考に関係ないので、いつもどおりの格好で」と言われることがある。その場合でも、基本はスーツがよいだろう。本選考と同じく、スーツのシワや髪型など、ビジュアル面もしっかりと整えてから挑みたい。

3．面談までに準備をしよう

本選考の面接と同じような準備をすること。「学生時代にがんばったこと」「自己ＰＲ」「志望動

機」は、簡潔に話せるようにしておこう。また、リクルーター面談は、社会人訪問と似た流れで進むので、「何か聞きたいことある？」など「逆質問」の時間が長くとられる傾向にある。最低20個は質問を準備したい。

4．面談時はリラックスし過ぎないようにしよう

リクルーターはリラックスしているだろうが、学生であるきみは適度な緊張感をもって面談に臨もう。とはいえ、その場の空気をつかみ、ある程度盛り上げることも必要だ。緊張でガチガチになっているようでは、相手は会話を楽しめない。会話の流れの中で、適度なユーモアや印象に残るエピソードをはさみつつ、緩急をつけたいところだ。面談後に「この学生と一緒に働きたいな」と思ってもらえるよう、いい時間を過ごそう。

5．面談後、リクルーターへの感謝の言葉を忘れずに

忙しい中、時間を作ってくださった方へのお礼の連絡は必ずしよう。

どうすればリクルーターに声をかけてもらえるのか

では、どういう人がリクルーター面談に呼ばれるのか。企業との接点がなければリクルーターからも声がかかりにくいが、次のどれかに当てはまれば、リクルーターにつながる機会は増える。

こんなときは、リクルーター面談につながるチャンス

1. プレエントリー・エントリーしたとき（特に上位校の学生）
2. 「説明会」「セミナー」で良い印象を持ってもらえたとき
3. インターンシップで評価が高かったとき
4. 社会人訪問で評価が高かったとき
5. 大学のゼミ・研究室の先輩が会いに来てくれたとき

1は誰でも……というわけにはいかない。たしかに、上位校の学生にはリクルーターがつく可能性が高いが、だからといって安心してはいけない。例えば、就職のナビサイトオープン「初日」

にプレエントリーができている学生以外には、リクルーターは声をかけない企業もある。積極的に情報収集し、早めの準備を心がけよう。

2〜**5**については、今から主体的に動けば、チャンスを手に入れることができるはずだ。特に**2**には注意したい。学生が思っている以上に、人事担当者はきみたちを見ている。どこの席に座るか（当然、最前列が好印象だ）、質問をするか、待ち時間に何をしているか（スマホをいじりながら、ダラダラしていないか）、など。きみという人間を、さまざまな角度からチェックしている。

志望度が高い企業であれば、前のめりな姿勢で臨み、積極性をアピールしよう。

企業は、自社に対する志望度が高い学生を探している。

そういう意味では、自分から企業側にアプローチしている姿勢を見せるのが何よりも大切なことだ。

リクルーター面談は、1対1ではない場合もある

ちなみに、1対1の面談でないケースもある。

「少人数の特別セミナー」「社員交流会」「意見交換会」などだ。

これらも**すべて「面接」である**ことを、つけ加えておきたい。

我究館生から聞いたケースを紹介しよう。「社員交流会」と呼ばれる、4人の学生が現役社員と会話する機会を設けてもらった。終始リラックスした雰囲気で「聞きたいことある？」と声をかけ、学生の質問に何でも答えてくれた（注：これは逆質問面接だ。質問の内容によって、志望度を見ている）。

その後、2人の学生だけが次のリクルーターに呼ばれ、残りの2人は落選してしまった。企業側から何ら連絡がこなかったのだ。

Chapter 11

内定者はみんなやっている模擬面接

自分の将来を決める面接。
それにぶっつけ本番で臨んでいるようでは、
結果を出すことは難しい。
事前の練習があってはじめて、
面接の場で本領を発揮することができる。
第一志望内定者は、平均30回程度の模擬面接を行っている。
きみも必ず取り組んでから本番に挑もう。

模擬面接の大きなメリット

内定者は例外なく、面接前に「模擬面接」をやっている。

スマホの前で実際の面接で話す様子を撮る。そして撮影した動画を見ることで、自分の改善点を発見する面接練習のことだ。

少し面倒くさそうに思えるかもしれないが、少しの勇気とちょっとのまめさがあれば、意外と簡単にできる。しかもその効果は絶大である。強くおすすめしたい。

そのためにも、**模擬面接**のやり方を押さえる。

ほとんどの場合は友達同士となるだろうが、実は社会人と一緒にできると最高だ。

しかも実際に**活躍している社会人**がベストである。そういう人であれば、企業で求められるものもわかっているだろうし、大人の視点で物事を見てもらうのは、非常に意味のあることだからだ。

また、録画することを、強く強くすすめる。自分の模擬面接をチェックできるし、ほかの人にもチェックしてもらえる。

模擬面接をやるとどんな差が生まれ、どんなメリットがあるのか。左の表のとおりだ。

模擬面接のメリット

1. 場数を踏むことができる
2. 自分を上手に伝える能力を鍛えることができる
3. 面接中の自分はどんな状態で、どんな様子かが客観的にわかる
4. 自分のアピールは、何が有効で、何が有効ではないのかが明確になる
5. 面接でしゃべる内容について、整理できる
6. どんな受け答えが効果的なのかが、明確になる
7. 面接官から見た自分の印象が手にとるようにわかる
8. 面接官の視点が理解できる
9. 面接官が求めているものが確認できる
10. 他人の様子を見ることで、自分の振る舞いを直せる
11. ほかの人の面接の良い点を参考にできる
12. 面接の全体像がしっかりと把握できる

面接を受ける側だけでなく、
面接官役もやってみよう

面接を受ける役と面接官役の両方を必ず経験しよう。

模擬面接を受けるのも大事だが、実は面接官をやることも非常に重要である。

模擬面接のメリット**6 7 8 9 12**については、面接官役をやってみることで、面接を受ける以上によくわかっていくものである。ぜひ、面接官役も率先してやっていこう。


ただ、これまで面接官をしたことがなく、うまく面接官役ができないという学生もいる。そこで、そのコツを紹介しておく。

よくあるのが、「深掘りする質問ができない」という悩み。その際は「なぜ？」と聞くことが重要だ。面接官役をしていて「なるほど」と思った瞬間があったら、そのまま聞き流さないようにしよう。機械的になってもいいので、すかさず「それはなぜですか？」と聞くようにしよう。これを繰り返すことで、面接を受ける役の答えを深掘りできる。

それ以外にも「質問が思いつかない」ということもあるだろう。このときは、そもそも面接で何を聞くのかを思い出そう。それは、能力と人間性だ。話を聞きながら「この人はどういう人なのか」と「なぜそうなのか」を整理しよう。あらかじめノートやメモ用紙に枠を作っておき、模擬面接を進めながら埋めていくのも有効だ。そのときに、疑問や納得できない点が出てきたら、それについて聞いていこう。

学生同士では、志望動機よりも自己ＰＲについての模擬面接が有効だ。学生の立場では、志望動機が仕事で再現性のあるものなのか、見極めるのに限界がある。最低限、学生の目線からでも納得感の高いものに仕上がっているか確認しておこう。

一方で自己PRであれば、より深掘りしていくことができるはずだ。しっかりした受け答えができていると、面接官役だけでなく、面接を受ける役も納得して話せるようになる。これが重要だ。

ちなみに、我究館では模擬面接が当たり前のように連日繰り広げられている。面接を受ける役、僕やほかのコーチ陣と共に面接官をやる役、模擬面接をチェックする役、この3つの役割を必ずローテーションで回し、面接力アップを図っている。ぜひ、きみたちにも実践してみてほしい。

模擬面接は、分析してこそ力になる

模擬面接を行ったら、**必ず分析やフィードバックも行おう**。

この分析は必ず複数人でやろう。一緒に模擬面接を行った人や仲間とやろう。そしてできれば社会人（それも活躍している社会人がいい）と一緒に分析することを、強くすすめる。

本番では、きみたちの面接を判断するのは、その会社で活躍している社会人である。だからこそ、分析やフィードバックの際には、社会人の目でもチェックしてもらいたい。

さて、実際に自分の面接を分析するには、どのようなポイントを見なければならないのか。ここはちょっと難しいので、詳しく説明したい。まず面接分析の際に重要なチェックポイントは、左のとおりである。

模擬面接
分析チェックポイント

1. しゃべっている人(自分)は、その面接でどんな人だと思われたのか

◆自信の度合いはどう見えたか?

・どこまで自分は活躍できると「信じ切っている」人か
・現状の自分に、どれだけ自信がある人か

◆意識はどう見えたか?

・リーダーシップがある人か
・自立性を重んじる人か
・プロ意識を持っている人か
・先を見ている人か

◆性格はどう見えたか?

・全力を出せそうな人か
・絆を大事にできる人か
・枠にとらわれていない人か

◆頭のキレはどう見えたか?

・問題意識の高さはどうか
・アイデア力はどうか(ユニークなアイデアを出せる人か)
・コミュニケーションの察しは良いか

2. その人の特にダメな点(意識、性格、頭のキレなど)は?

3. 2は、面接のどのような点(表情・態度・声・しゃべり方・間のとり方)から、感じられたのか

4. 各質問に対する答え(しゃべった内容)から、どんな人だと思われたのか(特にネガティブな視点で)

5. もう一度同じ質問がきたら、今度はどのように答えるのか

6. 5のように答えたら、それに対して、さらにどんな突っ込みの質問が出るだろうか。その質問に対しても、答えを準備する

模擬面接は回数をこなせ

最近では、模擬面接を体験できる就職セミナーなどが多数存在しているが、実は模擬面接は**1回やっただけでは、ほとんど意味がない**と思っていい。1回ぐらいでは、「緊張した」とか「全然しゃべれなかった」という状態を確認するだけで、その後の改善にはつながりにくいのである。

模擬面接は、最低でも5回はやりたい。週に1回程度でもいい。その代わりコンスタントに何度も繰り返してもらいたい。きみの面接力は飛躍的に上がっていくだろう。

なぜ、何度も繰り返すことが必要なのか？　それは、

□ **1〜4回目の模擬面接：面接に「慣れる」ため**

□ **5回目以降の模擬面接：改善ポイントを「修正する」ため**

という模擬面接の特徴があるからだ。これらを考えると、実質的に面接力を上げるためには、最低でも5回以上こなすこと。そこではじめて自分の改善ポイントを修正できるようになる。

面接を突破するための「模擬面接分析」を行おう！

❶模擬面接

面接を受けている
自分の姿を動画
で撮って見てみる

分析は1人でやるより、仲間や先輩とやろう

❷分析

6つのチェックポイントにそって、模擬面接を客観的に分析し、対策を練る

自分のものだけでなく、ほかの人の面接動画も研究しよう

「模擬面接」分析・6つのチェックポイント

①しゃべっている人（自分）は、その面接でどんな人だと思われたのか

②その人の特にダメな点（意識、性格、頭のキレなど）は?

③②はどのような点（表情・態度・声・しゃべり方・間のとり方など）から、感じられたのか

④各質問に対する答え（しゃべった内容）から、どんな人だと思われたのか（特にネガティブな視点で）

⑤もう一度同じ質問がきたら、今度はどのように答えるのか

⑥⑤のように答えたら、それに対して、さらにどんな突っ込みの質問が出るだろうか。さらにその質問に対しても、答えを準備する

週に１回程度、最低でも５回は、
「模擬面接→分析」を繰り返そう！
95%の人は、見違えるような進歩を見せる。
恥ずかしがらずに、実行あるのみ！

仲間の面接動画も研究しよう！

できれば、自分の動画を見るだけでなく、仲間の動画も見てほしい。「人の振り見てわが振り直せ」である。

さらには、志望企業に内定した先輩、それも難関企業に内定した先輩をじっくり研究してもらいたい。研究しながら、時にはその先輩のモノマネまでしてみよう。ばからしいと思うかもしれないが、これが効果絶大なのだ。

しゃべり方や間のとり方、表情・振る舞いなど、また言葉では何とも表現し難い「雰囲気の作り方」などを、映像と音声からバッチリ吸収できるのだ。

いいものはどんどん吸収して、自分のものにしていこう。

Chapter 12

内定者はみんな作っている「面接ライブノート」

面接は受けっぱなしではいけない。
面接が終わったらすぐに
面接ライブノートを作ることをおすすめする。
そして、自分の面接の良かった点と修正すべき点を、
その場で見つける。
選考中にどれだけ改善を繰り返せるかが、
内定の有無につながるのだ。

「面接ライブノート」とは何か

まずは285ページの実物を見てほしい。

このように、どこの会社の何次面接なのかを書くことから始まり、面接官の様子、雰囲気、そして面接官の質問内容、自分の答えた内容、面接官一人ひとりの反応、できればほかの学生のしゃべった内容までも、**可能な限り詳細に、忠実に再現する**のが面接ライブノートである。

このような詳細かつ忠実に面接を再現したノートをもとに、

「面接官はきみのことをどんな人だと考えているのか？」

「どんな印象を持っているのか？」

を正確に把握するのだ。

さらには今回の面接では伝え切れなかったウリやアピールポイント、今回の面接で露呈してしまった弱点や短所、マイナスな印象を、次回の面接で挽回すべく対策を打つのである。

だからこそ、面倒くさがらずに、細かく丁寧にノートに書き込もう。

この緻密さが後々大きな差となって表れてくるのだ。

またその会社の面接で、残念ながら落ちてしまったときでも、当然、面接ライブノートは有効である。ほかの会社の面接に向けて、具体的にどこをどう直すべきかを徹底的にチェックするのだ。

逆に、非常にうまくいった面接、最高の出来だと思った面接でも、面接ライブノートを作ろう。どんなにうまくいった面接でも、必ず反省材料はあるはず。しかも面接では、受ける側の感触と、面接官の印象はズレていることが多々ある。

学生は、「もうバッチリでした！」と喜び勇んでいても、実は面接官の評価は、そうでもなかったりすることは非常によくある。

出来の良かった面接こそ、ライブノートを作って、クールに分析すべきである。

そして本当に良い面接を繰り広げた場合は、

□**具体的に面接中の何が良かったのか**
□**どんな話が有効だったのか**

を面接ライブノートを使って把握しておくことが、次回以降の成功につながる。

ー □ ×

・〇〇業界ならびに〇〇株式会社の将来はどのように考えているか
銀行は低金利下で厳しいと言われている。最近の貯蓄から投資の世の中の流れの中で、〇〇業界は未来が明るいと思っている。昨今はネット証券やIFAなども台頭してきているが、〇〇は業界で圧倒的に優位性があるし、〇〇として対面型提案を重視していたり、お客様の役に立ち続けている。その中で貯蓄から投資を牽引しているし、これからもしていくと思う。

・ネット証券は拡大していかないか？
もちろん拡大はしていくと思うし、自分のような資産形成層はネット証券のほうが手軽で手数料も低いので魅力を感じるだろう。ただ〇〇などの独立系証券会社は、また少し違う。ラグジュアリーホテルとカプセルホテルのような関係かと思っている。カプセルホテルに対しての需要は増えるが、ラグジュアリーホテルへの需要はなくならないし、そこの資産運用層のニーズは必ず増えていく。ネット証券は伸びるが、そこの脅威は〇〇は感じていないのではないか。

・今日の日経平均の終値はわかる？
勉強不足で確認できていない。

・困難に立ち向かった経験はあるか？
大学受験の経験。高校２年生の夏から始めたが当時は成績がよくなかった。ただ何か目標を自分で立ててクリアしたいという想いがあり、第一志望を目指し努力した。

・尊敬している人の特徴は何か
相手の目線に立てる人。

・そのようになりたいか？
なりたいし、今もなれるよう努力している。

・１番幸せと感じる瞬間はどのような時か？
自分が納得してやりたいことをやっている瞬間。たとえば趣味が筋トレなので筋トレをしているときや、大学での自分がやりたい勉強をしているときなど。

・入社した後理不尽なこと言われるかもしれないけど大丈夫そうか？
言われてもそれが自分の成長につながると思うので大丈夫だと思っている。

・〇〇のビジネスは、１＋１＝２ではなく、自らの付加価値や会社の付加価値を上げて、３や４にして提供していく。過去の経験で１＋１＝２ではなく、それ以上にした経験はあるか
中学の時に体育祭のリーダーを務めた経験。２×２×２×……＝∞にした。中学校の３学年の男子全員で足並みを揃えて行進する集団行動をしていた。そこで人数も200人くらいいるので統率を取るのが難しかったし、思うようにみんなも動いてくれなかった。ただ成功させたいという気持ちや、みんなで一体になるという素晴らしいビジョンがあるということを語り続けていたことにより、みんなに伝わり、練習も進み本番は成功した。ふつうにまとめるとしたら１＋１＋１＋……＝200になるが、より良いビジョンを追い求めたことにより全員の個体値が２になり、プラスではなく掛け算になっていったと思っている。それは数字を増やすような経験だった。

・あと質問は３つです。あなたを動物に例えるなら何ですか
ライオン。ライオンの肉食で獰猛なイメージというよりは、今までの多様な価値観の人をまとめたり、一人一人と向き合ってまとめてチームにしてきた経験がある。その中で、百獣の王と言われるように、ライオンキングの崖の上に立っているライオンのようなイメージで、色々な動物がいる中で上に立ちみんなに声をかけ吠えているようなイメージを自分の中で浮かべた。

・何か私に対してオススメの本もしくは映画があれば教えてください
『交渉学』という本。慶應の教授が書いており、法律の教授なので、法廷の中での交渉をビジネスに活かしていけるという内容。この内容自体が面白いし、ビジネスで相手と交渉していくには、相手を打ち負かすのではなく、お互いウィンウィンで利益があるような交渉が良い交渉であり、それができるのが良いビジネスマンだという内容で、すすめたい。

・その本から何を学んで欲しいか
法律視点なので、違った切り口で交渉を学べると思う。

・最後の質問です、〇〇の内定が出たらどうしますか
いただけたら就活は終わりにし、入社までに何か勉強出来ることをしたいと思っている。

面接ライブノートの例

○月○日　○○株式会社　本選考面接

○○株式会社　本選考　面接

①面接時間　**40分**

②面接形式　**個人オンライン**

③面接官の様子や特徴　**営業部の課長の方、30代後半。特に笑顔はなく全体的に厳かな雰囲気で行われたが、面接が終わってフィードバックをいただいた時は、少しくだけた感じで話していただいた。本当に○○へ入る意志があるかどうか、また、その意志は強いかどうかをしっかりと確かめられているように感じた。面接の会話のキャッチボールの速さはかなり速く、頭の回転の速さも同時に見られているように感じた。**

・学生時代に最も力を入れて取り組んだことは何か
○○でのアルバイトの経験、60人のスタッフのリーダーを大学２年の冬から務めている。そのうち半分が外国人という多様な環境の中、チームをマネジメントして課題を解決した。

・課題は何だったか
クレームが急増した課題。原因は外国人スタッフへの教育不足、コミュニケーション不足だった。

・どう克服したか
３点行った。まずは外国人スタッフ目線で教育マニュアルや制度を改革した。次に価値観の相違がある中で、現場で協働することによって行動で示し距離を詰めた。最後に、リーダーとして店舗課題を顧客満足の達成のために解決したいという熱や想いを朝礼などで語り続けた。これにより外国人スタッフを含めた全スタッフがチームとなり、課題に向かって全員で努力した。それにより３ヶ月でクレームは減り、店舗運営も効率的になった。

・実施期間はどのくらいか
３月にクレームが６倍に急増し、３ヶ月かけてこの取り組みを行い６月に減らすことができた。

・なぜそんなにクレームが多くなったか
外国人に対する教育不足などもあるが、外国人スタッフが増えていることも状況としてあり、それも原因の一つだった。

・なぜ外国人スタッフをそんなに採用したのか
人手不足という状況が続いており、地域間でも競合同士でスタッフも分散しており、外国人を多く取らざるを得なかった。

・なぜ○○でバイトを始めたか
接客をしたかったことと、色々な成長や経験ができるという父の推しもあった。

・○○株式会社の志望動機は何か
まず○○業界は、無形商材であり個人の信頼や人間力が重視されるため、自分の軸とマッチしていると思い志望した。中でも○○は刻一刻と変化するマーケットの中でより主体性が求められることに魅力を感じた。その中で○○は、ウェットな育成環境や、業界一位だからこそできる仕事や提案の幅広さの中で身を置き成長したい。また今まで出会った社員が知性があり仕事に対して情熱がある魅力的な社員の方と共に働きたいと思った。

・お父さんは○○株式会社に行くことに何かいうか
いい人が多いと前向きに進めてくれている。

・うちに入ってからのビジョン、どう活躍していきたいと考えているか
具体的に事業分野やこの課題といったことは学生時代に見つけることができなかったが、成長できる環境に身を置き色々と勉強、努力していくことで、金融のプロになっていきたい。また、昨今の社会情勢の中、直接金融のトップとして社会をリードしていけることに魅力を感じ、その一員として働いていきたい。

・営業がしたいのか？
はい。

・あなたを採用するメリットは何か
自身の強みは向き合う力だと思っている。その定義は３つあり、自分と向き合う、他人と向き合う、社会と向き合うということ。自分に関しては、大学受験の経験、他人に関しては○○でのアルバイトの経験がある。社会に向き合うことに関しては会社に入ってからだと思っている。この力を活かして、まずは営業においてお客様の役に立ち、会社にも貢献していきたいと思っているので、採用するメリットがあると思う。

面接ライブノートの8つのメリット

では、面接ライブノートを作るとどんなメリットがあるのだろうか。

面接ライブノートのメリット

1. 自分のしゃべった内容を整理できる
2. 自分のどんなアピールが有効で、どんなアピールが有効ではないのかが確認できる
3. 今回の面接で足りなかったこと、弱かったこと、イマイチだったことを把握できる
4. 「次回以降、どうすべきか」という対策を立てられる
5. その会社の面接における特徴・流れ・雰囲気を確認することができる
6. その会社の面接官の好み・嗜好（どんな話がウケるのか）を把握することができる
7. その会社が今年はどんな人材を求めているのかが推測できる
8. その会社が持つ、他社との違いについて判断できる

これらのメリットの重要性がわかるだろうか。
面接の評価は、蓄積されていくものだと思ってほしい。

たとえ2次面接を通過したとしても、1次面接の評価が低くて、さらに2次面接の評価もイマイチだとすると、3次面接の際に、よほどの高い評価を受けなければ落とされる、という崖っぷち状態にいることを知っておくべきだ。

面接というものは、そのように面接官や人事担当者の間で、評価が蓄積されていくのである。

だからこそ、面接ライブノートを作って、次回は何をアピールして、どんな印象を残すべきかを考える必要があるのだ。

特に難関業界・人気業界には必須だと思ってほしい。

難関業界・人気業界には、ただでさえレベルの高い学生が集まってくる。その上面接も非常にシビアである。何せ集まる学生の数が多いので、その分会社は強気で面接できるのである。

面接ライブノートを作って、しっかりと次の面接につなげることがいかに大事か、何となくでもわかってもらえただろうか。

面接ライブノートは「すぐに」「細かく」「忠実に」書く

面接ライブノートの作り方について説明する。

基本的には、面接ライブノートは次のような手順で作成しよう。

「ちょっと細か過ぎるよ」と思う人もいるだろう。しかし、これぐらいでちょうどいい。これぐらい細かく書いておくと、「どこで面接の流れが変わったのか？」とか、「自分の発言の何が面接官の心に響いたのか？」が、正確に把握できるのである。ぜひがんばって作ってみよう。

専用のノートを用意してもいいし、パソコンを使ってもいい。

面接ライブノート作成手順

1. 面接が終わったら、すぐに面接ライブノートの作成に取りかかる
2. 日付、会社名、何次面接かを記入する
3. 部屋の様子、ドアや机、イスの配置はどんな感じで、面接官や学生は何人かを正確に書く
4. 面接官の特徴や、集団面接の場合はほかの学生の様子を記入する

できるだけ細かくノートに書いていく

5．面接官の質問内容を記入する

なるべく正確に書く

微妙な言い回しや「間」についてもなるべく細かく書いていく

6．質問に対して自分がしゃべった内容を、忠実に再現する

自分自身の話し方（「感情を込めた」とか「早口でしゃべり倒した」など）や言い間違えたところ、詰まってしまったところなどもリアルに再現する

7．面接官はどんな反応をしたのか（「笑った」のか、「うなずいた」のか、「沈黙した」のか、「首を傾げた」のかなど）、面接官の心の様子までも書きたいところ（「きっと共感してくれている」とか「顔には出していないが内心ムッとしている」など）

8．反省ポイントや、どう答えるべきだったかを記入

9．大学の先輩や社会人の方にチェックしてもらって、出てきた反省ポイントやアドバイスも、しっかり記入する

20　年　月　日(月) 13:00～ (株)　　1次面接

(面接官の特徴)
・面接官A
30代前半の男性。
終始笑顔で
優しい。
面接はAさん中心
に進む。
・面接官B
40代後半の男性。
こわもてで、やや
威圧的。

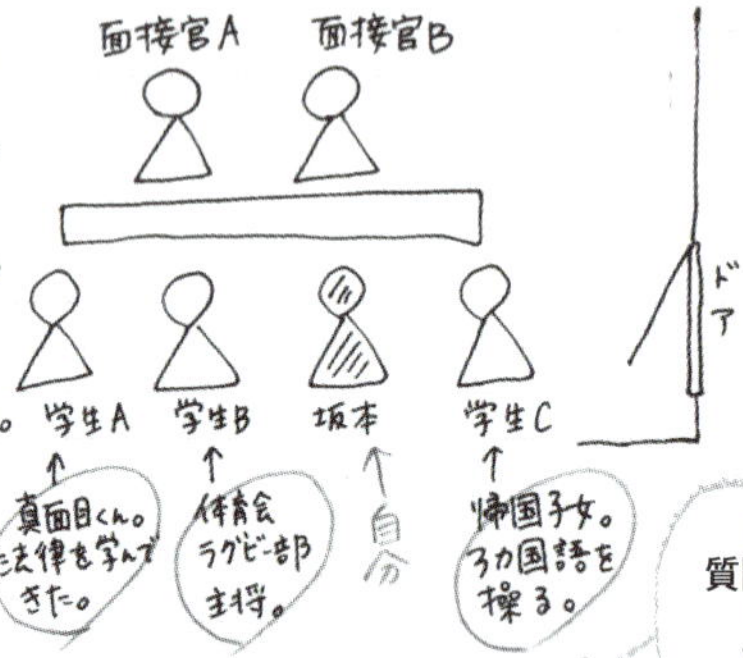

面接官の質問について、リアルに再現する。

面接官A：それでは、一番右の方から、30秒程度で自己紹介してください。

学生A：私は大学生活を通じ、論理的思考と物事の本質をつかむ力を養ってきました。
とりわけ法律研究会の活動において…

(話が長く、面接官A、Bともに、やや顔をしかめる)

学生B：私は、チームで一つの目標に向かって闘い続けることができる男です。学生時代はラグビーを通じ…
(面接官Aは笑顔で、何度も頷いていた)

面接官の反応を詳細に記述する。

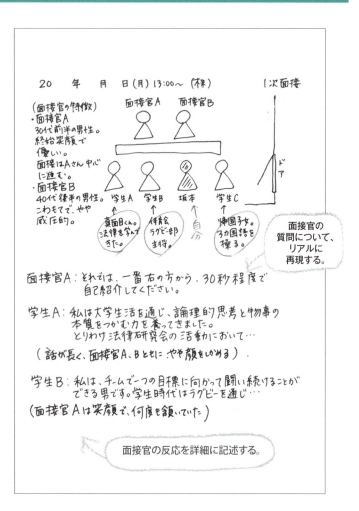

面接ライブノートの例

自分の発言内容を、完全に再現する。
※つっかえたところや言い直したところ、間違えたところなども克明に記述すること。

坂本：私の誇りは、何といっても場数の多さであります。
学生時代は格安ツアーを大学のサークル向けに
販売する旅行代理店や、海外でのボランティア
活動、クラブでのイベントや大学の入試業務、
そして、電気工事のアルバイトまで、数多くのことを
経験してきました。ええと…
それらの経験を通して学んだものは
（以下、いつものコアに続く）

（面接官Aは笑顔で頷いているが、面接官Bは難しい顔。
眉間にしわ）

反省！

入りにインパクトが
なかったのかも。
やはり面接の前の
空き時間に行った
ことを最初に話せば
良かった。
それと話がやや長かった。

とにかく詳細に、リアルに、
克明に再現すること！

必ず自分自身の反省を記入すること。
「もっとこうすべきだ」というポイントを
明確にする。

面接ライブノートは必ず社会人の方にチェックしてもらうこと！

面接ライブノートは、社会人と分析しよう

面接ライブノートを作成したら、必ず分析しよう。

自分自身で振り返って分析することはもちろん、それに加えて模擬面接同様に、面接ライブノートも第三者と共に分析することが大切だ。とりわけ、**現在活躍している社会人と一緒に振り返る**ことが最も有効である。

それでは、実際に自分の面接ライブノートを分析するには、どのようなポイントで見なければならないのか。

実は模擬面接の分析チェックポイントと基本的には同じである。重要なチェックポイントは、左のページのとおりだ。

面接ライブノート
分析チェックポイント

1. しゃべっている人（自分）は、その面接でどんな人だと思われたのか

◆自信の度合いはどう見えたか？
- どこまで自分は活躍できると「信じ切っている」人か
- 現状の自分に、どれだけ自信がある人か

◆意識はどう見えたか？
- リーダーシップがある人か
- 自立性を重んじる人か
- プロ意識を持っている人か
- 先を見ている人か

◆性格はどう見えたか？
- 全力を出せそうな人か
- 絆を大事にできる人か
- 枠にとらわれていない人か

◆頭のキレはどう見えたか？
- 問題意識の高さはどうか
- アイデア力はどうか（ユニークなアイデアを出せる人か）
- コミュニケーションの察しは良いか

2. その人の特にダメな点（意識、性格、頭のキレなど）は？

3. 2は、面接のどのような点（表情・態度・声・しゃべり方・間のとり方）から、感じられたのか

4. 各質問に対する答え（しゃべった内容）から、どんな人だと思われたのか（特にネガティブな視点で）

5. もう一度同じ質問がきたら、今度はどのように答えるのか

6. 5のように答えたら、それに対して、さらにどんな突っ込みの質問が出るだろうか。その質問に対しても、答えを準備する

面接ライブノートで特にチェックしたい点

次の3点をチェックしておこう。

1．面接官は「きみの弱点」をどう捉えているのか
2．もう一言、突っ込んだ意見を言い損なっているところはないか
3．自分の言いたいことが、誤解なく伝わっているか、どう表現すればよかったのか

1．きみの弱点

弱点とは、マイナスの部分のことではない。「学生最高レベル」を基準とした場合に、きみのどの点がその「最高レベル」に達していないと面接官が思っているか、である。

最終面接以外は、安易に「素晴らしい学生だ」と太鼓判を押すことはまずない。必ず面接官は「どこが弱かったか、何が最高レベルに達していないのか」を見抜こうとする。その面接官の心理を、面接ライブノートから探るのだ。

2．突っ込んだ意見の言い損ない

そもそも面接における言葉のやりとりは大きく分けると次の2つである。

①自己PR系（自分のコア・自分の経験のアピール）および志望動機系（自分のコア）

②やりたいこと系（どんな仕事をしたいか、企画）

特に②については、具体的にもう一歩踏み込んだ意見を出したいところだ。

「具体的に例を挙げてもいいですか。（間を置く）例えば……」

というように、意見があるならば一般論で止めることなく、具体的に述べていくことが大切だ。

このように必要な場所で、しっかりと具体的に展開できているかを、ライブノートでチェックするべきである。

3．自分の言いたいことが、誤解なく伝わっているか、どう表現すればよかったのか

話した内容を他人に（できれば社会人に）読んでもらう。そして、誤解が発生しているところを指摘してもらう。例えば、次のようなアドバイスをもらおう。「リーダーシップをアピールしているけど、巻き込んだ人数が少ないから、面接官はむしろその力がない人と判断している。なので、人数は少ないけれど、一人一人の個性が強かったから難易度が高かった、というふうに話すべきだね」。このようにして、自分が伝えようとしていることが誤解なく伝わるように表現を修正していくのだ。

具体的な面接ライブノート分析

左のページの手書きのライブノートを見てほしい。これは某テレビキー局に内定したSくんの面接ライブノートだ（これはSくんのライブノートの一部であるが、正直言って、奇跡的に1次を突破したようなものだ。1次面接では、探り合いの部分があったのだろう）。

Sくんは気合が入り過ぎていたため、変に穏やかな「コミュニケーション」を意識してしまい、突っ込みが足りない。アピールできるのに、自分からアイデアのディテールについて話を展開していない。面接の中身が薄い。のめり込めていない。その結果、制作志望としてのセンスもアピールし切れていない。

おそらく1次面接を突破したといっても、Sではなく、Aマイナスの評価であろう。ギリギリ1次突破というところか。

こういうことが、面接ライブノートを読むだけで分析できるのである。

これらの反省を受け、**ノートを読み、対策を練りに練った**。そのため、二次面接や最終面接では、「これ以上ない」というレベル、「絶対に落ちるはずがないレベル」のベストな面接ができたのだ。

面接ライブノートの効果&威力、ご理解いただけただろうか。ぜひ、きみも作ってみよう。絶大な効果があることを約束する。

某テレビキー局に内定した、Sくんの面接ライブノート

1次面接

一次

面接官 2人対 自分 1人
○社員A子さん ― モデルのような激美人。にこやか、話を展開する役
○社員B夫さん ― 育ちの良い慶応ボーイ風。ひたすら俺を見る。聞き役。

― はじめまして！ よろしくお願いします!!

A ― はい、はじめまして。

B ― はじめまして
A ― 自己紹介お願いします。(30秒)

― 大学 学部の です！

私は笑いと感動に救われた男です！

人をいかに楽しませるかを追求することで楽しく生きてきました。

これまでは「モノマネ除夜の鐘」なるイベントを企画し、これまでは「勝手に箱根駅伝」

なるイベントを通じて笑いと感動を提供させてもらいました。

今度は全国に楽しいコンテンツを見せることで、テレビの前の人が楽しい
人生を送るキッカケを作れたら幸せですね。

Aさん笑顔でこっちを見る。

Bさん ESを凝視。

A ― へぇー モノマネ除夜の鐘ってどんなことしたの？
― 大晦日の除夜の鐘に合わせてモノマネを披露するっていうイベントです。
A ― キャハハ、一発ネタだねー(笑)！
― 紅白に変わる年末の新たな風物詩を作りたくて地元の仲間で
やったんです。
30発目まではカンタンだったんですけど、それ以降がキツカ
A ― アハハー
― 108発目が終わったのはもう朝の9時でした(笑)
A ― ハハハー、年越し終わったよーみたいな(笑)

B ― 今までで一番苦労したことは何ですか？
― ハイ。小さなころに父親と別れて、学校も転校したことです。
母も働いて家にいなかったし、友達も最初はいなかったので淋しくて
そこで、笑いを取って楽しませようと！ そうすることで友人が増えました。
だから笑いの力にはホントに感謝しています!!
B ― なるほどねぇ
A ― 好きなタレントっている？ 教えて
― 最近は「笑い飯」の二人が好きですね
A ― いいよねー、「めちゃイケ」にも出てた。ホント オモシロイよねー
― あの二人は型破りなところが魅力ですね。今までの漫才のフォーマットに
しばられていなくてカッコイイです。
B ― うん
― 彼らは売り方次第でカリスマになれるハズです!!
もっと この月刊とかに彼らの笑いへのコダワリとか、社会問題への
意見とかを語らせるようなインタビューを載せて年輩の方にも注目される
ようになれば、北野武以来のカリスマになれると思いますし、彼らで
高視聴率をとれる番組もできるんじゃないかと思います。
↗
Aさん、Bさんの顔つきがマジになった。

B ― 作りたい番組ってある？
― プロレスをもう一度ゴールデンタイムでやりたいですね!!
B ― ほお
― 今のプロレスを見てると、カリスマ不在ですし、ストーリーもないので淋しい。
プロレスっておじいさんから幼稚園まで夢中になれる娯楽の王者のハズです。
二枚目のスターを発掘して、女性誌などにも登場させて、幅広いファン
を獲得するんです。構成作家にストーリーを書いてもらってドキュメントタッチの
青春群像として見せれば今よりもシビれる番組になります!!
→

●なるほどねー。ところでさ、今好きな番組って何?

はい。今好きな番組として、しあわせ家族計画などが好きです……。

●(話を遮るように)ん! じゃあTBS以外で言ってみて。

はい。そうですね。(暫し考える)日本テレビのガキの使いやあらへんで!!など好きですね。いつもこちらが裏切られるというか、想像することより、さらにすごい事を企画してくるので見ていて楽しいです。芸人いじりが本当にうまくて笑えます。

●そうなんだ。フーン。じゃあさ、芸人さんで好きな人って誰?

(ココが最大のネック、結構考えるが浮かばない)
松本人志さんですか……。

《反省》
今時、松本ではベタ過ぎる。そしてもっと分析しているべきであった。

杉村チェック▼ そもそも今、あえて出すべきなのは松本ではないのでは。いや、だからこそ松本だというのなら、今後どういう使い方、引き出し方をすべきか提案すべきだろう。

●どこが面白いの?

私にもよく分からないのですが、10回に1回ヒットします。笑いのルールはあの人の中で何だろうと思いますが、研究しつくされているとも思えます。

《反省》
このへんは焦っていたので、よく憶えていないと言ってもいい。この質問がアピールできる最大のところだったろう。反省。吉本研究の成果を見せてもいいところ! そして松本人志の笑いがなぜ分からない? 俺は!

●松本かあ……。あいつは日テレと……。

フジにも少し出ていると思います(このへんでTBSに松本人志があまり出ていないことに気づく)。

●そうね……。じゃあさ、嫌いな芸人さんはいる?

そうですね……。(ここでも少し焦っている。浮かばない……)

嫌いな芸人さんはいません。本当に芸がないなと思える人はいますが、使い方によってはいい味を出していますし、あまりいませんね。

杉村チェック▼ ×まずいよ!

●だめだよ。批判精神は持たなきゃ。きみは番組を作りたいんでしょ。そういうの見ておかなきゃ。

はい。そうですね。んー、すいません。今後、研究致します。勉強します。

●いやー、そこまで思わなくてもいいんだけどね。ん! じゃあ、ここいらへんで、あとの人もつかえているし、最後に一言ある?

はい。そうですね、先ほど人事部の方もおっしゃってたんですけど、面接官の方にココを見てくれとアピールするように言われました。
(履歴書を指差しながら)ここの部分(自己PR)が今まで私が一生懸命やってきたことです。そしてココ(企画)が今の私が考えていることです。
力を入れすぎて多少見えにくくなっていますが、ここを宜しくお願い致します。将来を期待してください。

●あ、ハイハイ(満面の笑みで)分かりました。よく見ておきます。じゃあ、今日はお疲れさまでした。

はい、有り難うございました。

最後もビシッと挨拶は完了する。

《反省》
総合して持ち上げ面接だったといえる。しかし相手は良いところを見てくれる姿勢はあった。杉村さんの指摘どおり、お笑いについてのこだわりを言い切れなかった。視聴者スタンスのアンケートになっていたところが最大の敗因であろう。ある国の話も短く言うことを心がけ、女装のネタも話を和ませる程度にはできていたと思う。全体の流れとしてはこだわりを見せるところが課題であり、最大の失敗といえる。反省してます。一つ一つ考えたいと思います。

面接ライブノートと分析の例

テレビ局志望・Jくん
（青学大・経済・一浪・就職留年）
恐怖TBS　1次面接（1対1）

（書類選考のみというが、絶対ウソである。面接重視である）

この日は気合が入っていた。気持ちの面では負けるはずないと思っていた。

ビビリ感などは全くなかったと思う。

挨拶バリバリで席に着く。

いきなりニコニコモード。好感触ではあった。志望書を一覧し、

●ふーん、じゃあきみ、吉本の研究の成果を教えてもらおうか？
（満面の笑みで尋ねられる）

　はい。劇場などを回っていて、そして大阪で感じた事なんですが、笑いの沸点が低いのではないかと思います。小さなころからのすりこみじゃないかと思います。

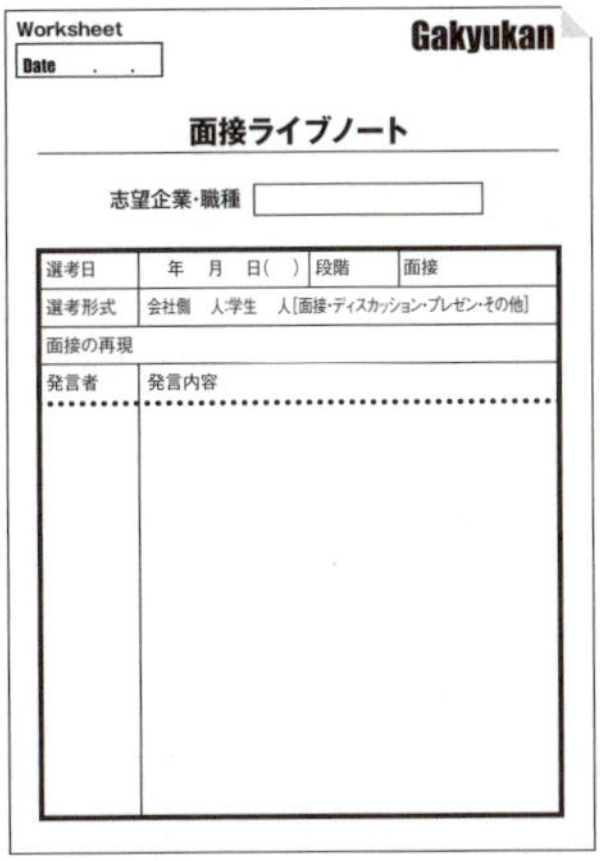
Worksheet
Date　.　.
Gakyukan

面接ライブノート

志望企業・職種

選考日	年　月　日(　)	段階	面接
選考形式	会社側　人:学生　人[面接・ディスカッション・プレゼン・その他]		
面接の再現			
発言者	発言内容		

　例えば電車に乗っている時に友人とすごく面白い話をしていた時があります。

　私と大爆笑で話していても、隣でそれを聞いている人はまったく笑いません。話の内容としては人に話していても笑いがとれる、絶対的に自信がある内容でもです。

　なぜ、笑わないかと考えたところ、「親しみ」ではないかと思ったんです。大阪の人も同じで東京と違い地上波放送でも吉本のコテコテのギャグをいつも見せつけられたら、分かりやすいあのギャグに親しみがわき、ある程度沸点が低くなってもおかしくないのではないかという結論です。

《反省》
　そして東京でコテコテをやるには？　も考えたほうがよい。

> 杉村チェック▼
> 研究が現状分析で終わっている。

●ふーん。きみは大阪に住んでいるの？
　いえ、母が大阪の人で、父と知り合いました。そこで帰郷ついでにということもありましてよく見ています。

●そうなんだ。へー。じゃあ。この女装について聞きたいんだけど、どういうこと？
　はい。これは私の趣味ではなく特技です。

●（なるほどね、とニコニコする）
　高校時代、無理やり部活の先輩に男子校のミスコンテストに出場させられ、3年連続優勝しました。そこから自信を持ち、ある国に行った時も、この特技のおかげで、村人の輪に入る事ができました。私の重要なコミュニケーションの手段です。

　結婚式に招かれたのですが、その特技の女装で輪に入ったのはいいのですが、そこでむこうの男性と結婚させられてしまいました。もちろん冗談の結婚ですが。

> 杉村チェック▼　悪くはないが、ここは、もっと違うこと、自分ならではのアピールもできたはず。

おわりに

これを読み終えたきみは、いよいよ就職活動の本番に挑む。準備はいいだろうか。

面接官に、きみのすべてを伝える準備はできているだろうか。


僕はこの本で、きみに見た目やマナー、伝える内容の考え方から話し方まで、さまざまなことを伝えてきた。それは、きみに最終面接を突破してほしいから。きみが描いた夢のスタートラインに立ってほしいからだ。


そのためには、全身全霊で戦う必要がある。きみのすべてで戦いに挑む必要がある。

頭でっかちに考えたロジカルな自己ＰＲや志望動機でなく、心から考えられたものを、心を込めて語る。


話しているきみが素晴らしいから、話している内容に説得力が宿る。

目つき、顔つき、人の話を聞く姿勢、声色、スーツ、誠実さ、情熱。

きみが今日までがんばってきたこと、自分なりのこだわり、育ててきた人間性、強み、弱み。

そのすべてを総動員して、きみの魅力を伝えよう。

就職活動は、きみの人生を決める大きなイベントかもしれない。
そして、それは同時にきみが最も成長できるイベントでもある。

ここに書いてあることをすべて実行しよう。
「見た目」も「中身」も磨き上げよう。
そうしたら、きっと望んだ結果は、気がついたら手の中にあるはずだ。
がむしゃらにがんばれば、結果なんて後から勝手についてくるものだ。

この本を通して、僕がきみに投げかけたメッセージが、少しでもきみが前に進むための推進力となり、目の前の世界を開く一助となることを心から祈っている。

そして、きみがこれから挑む就職活動が納得のいくものになるよう、心から応援している。

我究館館長　藤本健司

［著者］

杉村太郎（すぎむら・たろう）

（株）ジャパンビジネスラボ創業者、我究館、プレゼンス創業者・元会長。

1963年東京都生まれ。慶應義塾大学理工学部管理工学科卒。米国ハーバード大学ケネディ行政大学院修了（MPA）。87年、住友商事入社。損害保険会社に転職し、経営戦略と人材育成・採用を担当。90年、シャインズを結成し、『私の彼はサラリーマン』でCDデビュー。

92年、（株）ジャパンビジネスラボ及び「我究館」を設立。就職活動に初めて“キャリアデザイン”の概念を導入し、独自の人材育成「我究（がきゅう）」を展開。94年『絶対内定95』を上梓。97年、我究館社会人校を開校。2001年、TOEIC®/TOEFL®/英会話/中国語コーチングスクール「プレゼンス」を設立。08年にハーバード大学ウェザーヘッド国際問題研究所客員研究員に就任、日米の雇用・教育問題と政策について研究。11年8月急逝。

著書は「絶対内定」シリーズ、『新TOEIC®テスト900点 新TOEFL®テスト100点への王道』（共にダイヤモンド社）、『ハーバード・ケネディスクールでは、何をどう教えているか』（共著、英治出版）、『アツイコトバ』（一部電子書籍はダイヤモンド社より発行）等。

藤本健司（ふじもと・けんじ）
我究館館長。千葉大学教育学部卒業後、（株）毎日コムネット入社。営業に配属され、2年目に優秀社員賞、3年目に社長賞を受賞。2012年「世界の教育問題に対峙したい」との思いから、青年海外協力隊としてケニア共和国で活動。3年間、JICAや現地の省庁と連携し、児童福祉施設における情操教育やカウンセリングに携わり、「人は志や気づきによって大きな成長を遂げられる」ことを実感する。2016年より（株）ジャパンビジネスラボに参画。我究館学生校の主担当コーチとして大学生をサポート。2017年10月より副館長を務め、2021年5月より現職。外資系投資銀行、コンサルティングファーム、総合商社、広告代理店など、難関企業に多数の内定実績がある。著書に「絶対内定」シリーズがある。
ツイッター　@Kenji_Fujimon

キャリアデザインスクール・我究館
心から納得のいくキャリアの描き方と実現をサポートする就職・転職コーチングスクール。1992年の創立以来、31年にわたり全業界に10200人の人材を輩出。
日本を代表するコーチ陣が、就職、転職、ロースクールや医学部進学、MBA留学、資格取得等、次の成長の機会を模索し、その実現に悩む人々をバックアップしている。

絶対内定2025 面接

2023年５月９日　第１刷発行

著　者——杉村太郎、藤本健司
発行所——ダイヤモンド社
〒150-8409　東京都渋谷区神宮前6-12-17
https://www.diamond.co.jp/
電話／03･5778･7233（編集）03･5778･7240（販売）

装丁——渡邊民人（TYPEFACE）
本文デザイン・DTP——谷関笑子（TYPEFACE）
イラスト——草田みかん
校正——三森由紀子
製作進行——ダイヤモンド・グラフィック社
印刷——勇進印刷（本文）・加藤文明社（カバー）
製本——川島製本所
編集担当——朝倉陸矢

ISBN 978-4-478-11797-2